La Fe en Nuestra Libertad

Diez familias refugiadas, una mujer con gran determinación y una sólida fe compartida.

Historias de la vida real que son una profunda inspiración y que llenarán el corazón del lector de un sentimiento de amor y compasión.

AUTORA:
ANGELIQUE PAPADELIAS

Agradecimientos

Primero que nada, me gustaría agradecer al increíble equipo de personas que trabajaron en este libro por haber logrado que este proyecto se convirtiese en una realidad. No hubiera sido posible obtener el extraordinario resultado que hemos logrado sin el apoyo de un gran equipo conformado por personas de Canadá, Argentina, Venezuela, México y Australia; un grupo de personas que son no sólo extremadamente profesionales, sino que han trabajado con una dedicación excepcional.

Jocelyn Legaré: Gracias a Jocelyn pude conocer a niños de diferentes familias refugiadas en el área. Le agradezco enormemente el haberme presentado a Line.

Valérie LeBlanc: Valérie coordinó todos los encuentros iniciales con las familias de refugiados y con los traductores necesarios para que yo pudiese comunicarme con estas familias y lograr comprender sus historias.

Janot Bélanger: Fue el principal traductor del francés al inglés. Janot dedicó mucho de su tiempo a apoyarnos en este proyecto ya que estuvo presente en la mayoría de las extensas entrevistas de Line con las familias.

Roxanne Beaupré: Fue la traductora que colaboró entrevistando a dos de las familias, traduciendo del francés al inglés.

Nathalie: Fue la traductora que colaboró entrevistando a una de las familias, traduciendo del español al inglés.

Nirmala Bastola: Fue la traductora que colaboró entrevistando a una de las familias, traduciendo del nepalí al inglés.

Véronique Cyr: Fue la traductora que colaboró entrevistando a una de las familias, traduciendo del francés al inglés.

Stephanie McLean (Australia): Stephanie llevó a cabo la edición de la primera versión en inglés. Su gran experiencia en edición y su excepcional habilidad en cuanto a la gramática y la investigación, fueron de gran beneficio para clarificar los elementos de cada historia con gran precisión.

Linda Cadieux: Su continuo apoyo moral me animó en todo momento a seguir adelante con este proyecto y llevarlo a su realización.

Annie Leroux: Annie persistió en la necesidad de contar la historia de Line para de esta manera reconocer su excepcional trabajo dentro de la comunidad de las Laurentidas.

Lyon Leshley: Lyon ofreció retroalimentación y apoyo a la versión final y el formato del libro electrónico con fines de publicación y comercialización.

Traductores de la versión en español de este libro

Mirta Rodríguez: Mirta contribuyó a este proyecto traduciendo el capítulo seis de la historia de Line en la versión en francés así como toda la Parte 3 (la historia de Line) en la versión en español. Gracias a una mujer entregada a su trabajo.

Adriana Herrera (Argentina): Adriana apoyó este proyecto traduciendo el tercio final del libro.

Rocio Tamez (México / Montreal): Rocio apoyó este proyecto traduciendo la primera sección así como del capítulo dos al cinco, el capítulo seis y el diez. Le agradezco mucho su extraordinario trabajo.

Natalia Linares (Venezuela): Natalia apoyó este proyecto traduciendo el capítulo uno.

Maria Fikari (Greece): María contribuyó a la traducción de la propaganda de la portada del libro

Editor de la versión en español de este libro

Rocío Tamez: Rocío llevó a cabo la revisión y edición total de la traducción al español.

Traductores de la versión en francés de este libro

Prudence Assogba (Montreal): Prudence apoyó este proyecto traduciendo los capítulos tres, capítulos trece al dieciséis y la Parte 2 del libro. Le agradezco su gran apoyo y su excelente trabajo.

Makraphone Phouttama: (Montreal): Makra apoyó este proyecto traduciendo la primera sección del libro, es decir del principio hasta el final del capítulo cinco.

Francois Luc Paradis (Montreal): Francois apoyó este proyecto traduciendo el capítulo cuatro del libro.

Myrlene Metellus (Montreal): Myrlene apoyó este proyecto traduciendo el capítulo dos del libro.

Anastasia Oikonomopoulou (Greece): Anastasia contribuyó a la traducción de la propaganda de la portada del libro.

Bichara Coussa: (Montreal) Richard tradujo la sección que se añadió al prologo original.

Editor de la versión en francés de este libro

David Da Silva: David llevó a cabo la primera edición de la Parte 1 del libro, asegurando la uniformidad del las traducciones. También tradujo el capítulo 16 y el material de la campaña. Muchas gracias por su constante apoyo.

Prudence Assogba: Prudence llevó a cabo la revisión final de todo el libro.

Denis Cyr: Denis colaboró efectuando algunas revisiones a la graámática.

Lyne Rochon: Lyne colaboró efectuando algunas revisiones a la graámática.

A todos y cada uno de ellos, les deseo el mayor de los éxitos. Agradezco enormemente sus corazones generosos, su tiempo y compromiso hacia este proyecto. Sin su talento, conocimiento e increíble esfuerzo para completar este libro, no hubiese sido posible finalizar este proyecto en el periodo de tiempo requerido. Me siento realmente orgullosa de haber trabajado con ellos y de haber formado todos un mismo equipo, ¡felicidades!

Equipo encargado de la promoción de la campaña de recaudación de fondos

Muchas gracias a Paul Leiba, Annie G, Sihem Oka, Veronique Cyr, Veronique Beaulieu, Santa Maya Sharma, Line Chaloux y al Sr. Jonas, quienes brindaron su ayuda en el proceso de filmación para la promoción de videos de la campaña de recaudación de fondos con el público general.

Colaboradores: Muchas gracias a cada persona que contribuyó a la campaña de recaudación de fondos con el público general, ya sea compartiendo nuestro trabajo con sus amistades o mediante sus donaciones. Fue gracias a su valiosa cooperación que hemos llegado hasta donde nos encontramos hoy. Les agradezco infinitamente su apoyo.

Nuestros colaboradores son:

Gianpietro Tiberio, Helen Syrmalis, Christina Galanopoulos, Paul Leiba, Denis Cyr, Julian Galea, Virginia Villar, Eva Psaltis, Angie Karipidis, Patty Apostolidis, Louis Cadieux, Katie Lowden, Maria Papas, Monique Cyr- Laframboise, Ghislaine Cyr, Linda Cadieux, Joseph Malouf, Joanna Mangos, Anthony and Emma Colfelt, Rachel Bower, Cristina Carvana, Jeff Collins, Stephanie Lagradelle, Rhonda Yim, Effie Mahanidis, Nicole Borzelleca, Mari-Luis Agius, Melanie Coombs, Lesley Kelman Koeppel, Irene Papadelias, Renee Sotile, Nia Angeles, Maria Longo, Amanda Hale, Tess Cassar, Leah Stylianou – Karlis, Natasha Sotirios, Angie Karipidis, Vicki Fassoulis Bruneau, Sophie Lajoie y Gina Tapinos Atcheson.

ÍNDICE

Agradecimientos

Prólogo

Primera parte

Segunda parte

Tercera parte

PRÓLOGO

De manera casi siempre inesperada, he conocido personas que hacen tanto por los demás, que no me queda más que sentarme en silencio a reflexionar sobre sus acciones; estas personas provocan en mí una reflexión llena de asombro y admiración. Si una sola persona puede lograr tanto a lo largo de su vida, puedo imaginar los cambios que se podrían lograr si todos descubriéramos nuestro propósito en la vida a una edad temprana y trabajásemos arduamente por lograr cumplir nuestro objetivo. Probablemente, la realidad es que todos estamos siguiendo nuestro propio camino. El tipo de conexión que existe con nosotros mismos, con nuestra espiritualidad o ser interno, y con nuestros semejantes determinará cómo caminaremos en la senda de la vida y a qué ritmo andaremos hasta encontrar nuestra misión.

Yo elijo vivir mi vida siendo la voz de la gente, es por esta razón que sigo escribiendo, creando películas e interactuando con las personas para de esta manera compartir las experiencias de vida de los demás. No temo viajar o instalarme en un lugar nuevo, conocer personas, desarrollar nuevas amistades, tener nuevas experiencias o pasar tiempo conmigo misma. Esto me lleva a explorar nuevas culturas y a aprender sobre filosofías innovadoras, escuchar otros puntos de vista sobre la vida y ubicarme en una posición en donde cuestiono todo lo que he aprendido a través de mi vida y comienzo a aceptar lo que siento como la verdad real dentro de mi propia alma. Es muy saludable vivir con una mente abierta y trato de hacerlo para poder identificar y aceptar lo que el universo tiene para mí.

Sé que para algunas personas la vida es difícil, cada día es una batalla. La intensidad de estas luchas depende de la vida que cada cual haya tenido hasta su presente y qué tan bien preparados están para pelear por el futuro que desean. Otros han sido recibidos por una vida llena de amor, compasión y comprensión, sin haber experimentado demasiados momentos de adversidad. No importa de dónde venimos ni de qué lado del espectro nos encontramos, lo que es importante es cómo nos comportamos con los demás, cómo nos sentimos con nosotros mismos y la manera en la que podemos aprender a abrir nuestros corazones a las personas en el mundo y difundir un mensaje de amor. Con amor se puede ganar la batalla contra la guerra. Con amor en nuestros corazones, podemos vencer incluso al más terrible de los enemigos. Todos somos capaces de sentir amor, ser ese amor y ver la luz que llenará nuestros corazones de ese amor.

Cuando vine a Canadá, me preguntaba qué era lo que el universo tenía en mente al enviarme a un país en donde la nieve es intensamente fría y los inviernos parecen eternos. Toda mi familia es de origen Griego, decidieron immigrar a Australia así que yo nací y crecí en la costa de Nueva Gales del sur. Nunca jugué en la nieve ni construí muñecos de nieve como es la costumbre aquí. Pasaba la mayoría del año en la playa, construyendo castillos de arena y nadando en el océano, trabajando en le negocio familiar, sintiendo el agua salada en mi piel y el sol bañando mi cuerpo. Llevaba una vida cómoda y muy agradable, mi familia trabajaba arduamente, me sentía extremadamente bendecida por haber nacido y crecido en Australia.

La educación y el estar alerta son puntos clave para iniciar un cambio. Comencé estudiando la carrera en Educación y trabejé como profesora de niños y adultos durante diez años. He tenido la fortuna de enseñar en Australia, en Fiji y recientement, como voluntaria, enseñando a niños immigrantes en Quebec, Canadá.

Mi experiencia trabajando como profesora en Fiji me enseñó cómo adaptar mis lecciones en ambientes de escasos recursos económicos y a ser flexible en cuanto al uso de madios limitados. Todos los niños son hermosos, su inocencia y curiosidad me sorprende constantemente. Cuando educamos a los niños, estamos invirtiendo en un mejor futuro para la comunidad.

Cuando tenía poco más de 20 años, formé parte de la Fuerza de Policía de Nueva Gales del Sur en Australia durante 8 años y por lo tanto diariamente fui testigo del sufrimiento de muchas personas. Mediante mi experiencia como policía, estuve en contacto con muchos casos que hicieron que ma diera cuenta de la existencia de las atrocidades que ocurren dentro de la sociedad. El impacto en las víctimas que sufren de enfermedades mentales, violencia doméstica y otros tipos de ataques, me permitieron estar consciente de la importancia de las leyes relativas a la protección y su eficacia al ser implementadas.

Más adelante recibí entrenamiento en Análisis criminal e Inteligencia estratégica (CASIC). Allí estuve en contacto con operaciones criminales de mayor escala, tales como lo son el tráfico de personas, tráfico de drogas, asesinatos en masa y situaciones de revueltas a motines. Incluso visité un centro de detención de refugiados y recibí información acerca de los problemas a los que se enfrentan los refugiados e inmigrantes cuanto llegan a otras comunidades y cuando se enfentran a las autoridades, como por ejemplo a la policía, por primera vez. El mundo de la "vigilancia policial" causó un gran impacto en la visón que tengo ahora del mundo en el que vivimos y en la complejidades que se deben tener en cuenta cuando se considera la implementación de cambios que afectarán la vida de las personas.

Entrando a los 30 años de edad, sentí un fuerte cambio en mi interior, pero tomó algunos años para que esos sentimientos y pensamientos se desarrollasen y se convirtiesen en acciones. Tenía la opción de quedarme en donde estaba, en mi zona de confort y tener una vida feliz y normal, o elegir movilizar un poco mi vida, dejar los elementos familiares atrás, salir a conocer el mundo y tomar todo lo que éste tenía para ofrecerme. Inicialmente, mi plan no era ir a Canadá, salí de Australia para conocer Nueva York. Éste resultó ser un sitio tan diferente al lugar en donde yo había sido criada. Con el tiempo, aprendí a amar todo lo que esta ciudad tenía para compartir, y me enamoré de la dinámica y magnética energía que la envuelve. El estar en una ciudad llena de personas en transición, fue lo que incitó en mí un gran deseo de ir más allá. Para mí, Nueva York fue el lugar que me preparó para tomar el camino que debía seguir. Fue allí en donde me di cuenta de que mi propósito en la vida era ser la voz de la gente. En octubre de 2012, cuando el huracán Sandy golpeó el estado de Nueva York, salí a la calle, enfrentando uno de mis mayores miedos: los desastres naturales. Salí para tratar de ayudar a quien lo necesitase. Al encarar la tormenta de frente, me enfrentaba también a mis miedos y, al enfrentar mis miedos, el propósito de mi vida comenzó a ser evidente.

Colaboré con varias organizaciones benéficas repartiendo comida y artículos de primera necesidad a las personas afectadas, fue toda una experiencia llevar a cabo esto en una ciudad y un país casi desconocidos para mí. Recuerdo haber disfrutado enormemente cada momento en el que brindé mi ayuda a las personas afectadas por el huracán. Al abrirme sus puertas, las personas también se abrían ellas mismas. Comenzaron a contarme sus historias, las cuales escuché con genuino interés; hablaban de sus dolorosas experiencias, sus pérdidas, sus necesidades y sus miedos. Llevé a cabo un documental con estas historias llamado "Foreign Eye in the Storm". Fue bien recibido en los festivales de cine de Nueva York y Nueva Jersey y fue a la vez mi manera de brindar apoyo y de ayudar a sanar a las personas de esa comunidad, esas personas que deseaban hablarle a una extraña sobre su terrible situación. Mi intención era ayudar, pero al final fui yo la que recibió ayuda.

En esa época, conocí a un hombre que me contactó para que escribiera la historia de su vida. Pasé una gran cantidad de tiempo con él, tratando de identificar cada elemento de su personalidad y elaborando un registro de su vida. Él tenía un gran deseo de compartir su historia con el mundo y, sin duda alguna, pensé que ésta era una señal para seguir avanzando en mi camino, fue así como comencé mi siguiente aventura. Ese año fue uno de tropiezos en donde tuve la oportunidad de aprender a ser paciente y resistente ante la adversidad, también aprendí a mantenerme enfocada en todo momento. Fue un periodo interesante y lleno de retos, pero sabía muy bien que todas las experiencias y lecciones aprendidas en el camino me estaban preparando para algo todavía más grande.

En Nueva York, conocí al amor de mi vida que fue quien me inspiró a mudarme a Canadá. Inmediatamente surgió una conexión muy fuerte con Saint Sauveur, un pueblo pintoresco al norte de Montreal. Después de pasar un tiempo en esta región, descubrí Piedmont y fue allí en donde nos casamos. Sabía que existía algo atrayéndome a este lugar. Tenía muy pocos amigos en los alrededores, no hablaba ni una palabra de francés y me encontraba muy lejos de todos los que eran parte importante de mi vida. Mi familia, mis amigos de toda la vida y mi perro Charlie, estaban todos al otro lado del mundo, pero sabía que yo teníí. que estar aqui.

Cuando comenzamos nuestra nueva vida, conocí personas muy interesantes, una de ellas era una mujer que me contó que trabajaba como profesora y que ayudaba a muchos niños refugiados a adaptarse al sistema escolar canadiense. Tuve una sensación abrumante, unas ganas enormes de conocer a estos niños. No sabía porqué, sólo sabía que necesitaba conocerlos.

Fui a la escuela a la que asistían y me encontré con unos niños que tenían los ojos llenos de esperanza y que me ofrecían una enorme sonrisa. La mayoría no comprendía nada de lo que yo les decía, pero la verdad es que no necesitábamos palabras para comunicarnos. Bastó ver las caras de un pequeño niño colombiano y de una niña africana, para darme cuenta de que allí había historias que yo tenía que descubrir.

Al poco tiempo, me encontré con la persona que había establecido el centro de inmigración y refugio en el área local. Su nombre es Line Chaloux, una persona realmente extraordinaria. Inmediatamente se desarrolló una conexión especial entre las dos, sentí que me estaba reuniendo con una hermana de la cual me había separado mucho tiempo atrás. El haberla conocido fue uno de los regalos más hermosos que la vida me ha dado. Había hablado ya con varias personas en la comunidad quienes no tenían mas que elogios y cosas positivas que decir acerca de ella y comentaban lo sorprendente que era la manera en la que lograba cumplir todos sus proyectos y objetivos. Me intrigaba y deseaba saber cómo una mujer podía lograr tanto cambio en la localidad.

Cada momento que pasé con Line fue como un momento de mi infancia con una profesora que me inspiraba a aprender o como ver a una extraordinaria actriz en una escena estelar. Me sentí conmovida, con unas ganas enormes de escuchar cada palabra suya, cada experiencia, todo lo que me permitiese comprender cómo se transformó en la persona que es hoy en día. Gracias a la excelente traducción efectuada por Janot, el hecho de que el manejo del inglés de Line es limitado no fue un impedimento para comprender en su totalidad sus palabras y lograr una conexión con su amor por la humanidad, el cual era evidente en todas nuestras conversaciones. No fue difícil identificar las razones del éxito de Line y la razón por la cual era ella una persona tan especial. En su cuerpo corre la sangre de una tribu nativa norteamericana llamada el Clan de la Tortuga y esto es una inspiración para su alma. ¿Es esta conexión espiritual lo que hace que esta extraordinaria mujer sea tan paciente y se dedique a ayudar a que las personas refugiadas escapen de los horrores a los que están expuestas y que logren vivir en libertad en otro país? Creo que Line es parte de una familia de ángeles en el mundo que deciden dedicar su vida a ayudar a sus semejantes.

Al mismo tiempo que conocí a Line, me contactaron para escribir otra biografía, lo cual significó que tuve que partir a México. Fue allí en donde experimenté la transformación espiritual más asombrosa. Cuando regresé, todo se había cristalizado en mi mente, tenía claro cuál era el propósito de mi vida. Tenía que estar segura de que cuando escribiese algo, lo hiciese sobre historias que contuvieran un mensaje importante; mensajes de amor, paz y compasión hacia nosotros y hacia los demás, mensajes que fuesen una inspiración para los demás y los hiciera encontrar la luz y el amor en sus corazones. Decidí dejar de escribir acerca de personas cuyas motivaciones no viniesen totalmente de sus corazones.

Durante las primeras semanas después de mi regreso de México, y con la ayuda de Valérie, una asistente extremadamente dedicada, conocí a las familias de los niños refugiados y comencé a escribir la historia de sus vidas. Me sentí motivada e inspirada, sentía la necesidad de conocer a más familias. Conocí a diez familias refugiadas, conviví con estas personas y escuché sus historias. Estas familias venían de Kosovo, Colombia, Bután y África. Sentía que sería capaz de comprender su ansiedad y preocupaciones propias de un cambio a otro país, pero la verdad es que no estaba preparada para conocer acerca de todo por lo que estas familias habían pasado.

Muchos de nosotros nos dejamos atrapar por los dramas de nuestras propias vidas y todo asunto que se considere un reto importante. Perdemos la perspectiva y no nos damos cuenta de lo afortunados que somos por haber crecido en un país de primer mundo, en donde la norma es tener un lugar cómodo para vivir, alimentos en abundancia, muchas posesiones personales, buena educación, beneficios por parte del gobierno y la oportunidad de tener acceso a servicios médicos. Habiendo vivido en una sociedad así, no comprendía la crisis global en cuanto a las personas refugiadas y no tenía idea de las dificultades extremas que sufren diariamente millones de personas alrededor del mundo.

El regalo más grande que puedo ofrecer a estas personas es el compartir sus historias con el mundo. Sus historias están llenas de dolor y sufrimiento pero al mismo tiempo nos muestran que, con determinación y fe, todo es posible.

Es un honor escribir estas historias y le agradezco a Line y a las familias refugiadas el permitirme compartir sus historias. Sinceramente espero que estas historias logren que se abran los corazones de las personas en todo el mundo y acepten y den la bienvenida a las familias refugiadas al llegar a sus nuevos países. Espero que la sociedad los ayude a integrarse a nivel local dentro de la comunidad para que puedan comprender y adaptarse a nuestra forma de vivir y de esta manera también nosotros podamos apreciar las diferencias presentes en nuestras vidas. Abramos a estas personas nuestros corazones, ofrezcámosles todo el cariño y comprensión a estos inocentes niños y a sus familias, y jamás olvidemos la razón por la que se encuentran aquí.

Nota importante: Los nombres de algunos de los refugiados fueron cambiados debido a causas de seguridad. Me he mantenido apegada a la versión original de las historias proporcionadas por cada familia. En algunas de las historias, el relato de los eventos, así como su causa, difiere de la referencia histórica que se ha publicado al respecto, a pesar de lo anterior, estas son sus historias y nos las comparten según su recuerdo de los hechos.

Muchos refugiados huyen de sus países siendo niños y lo que guardan en sus memorias y llevan consigo por el resto de sus vidas es su versión de los eventos que ocurrieron.

PRIMERA PARTE

HISTORIAS DE REFUGIADOS I

Capítulo I

Me llamo Lachu Man y nací en 1982 en la aldea Gopini ubicada en el Distrito de Tsirang (antiguo Chirang), en Bután. Yo era el más pequeño de la familia, el menor de cuatro hermanos nacidos con dos años de diferencia entre cada uno. Vivíamos con nuestros padres en una casa rural propiedad de mí familia; nuestro hogar estaba situado en la región sureña del país en donde el clima es más templado que en muchas otras partes. Mis hermanos y yo ayudábamos en el cultivo de alimentos producidos en nuestro terreno.

En 1990 se deterioró radicalmente la situación de los lhotsampas, como se les conoce a las personas de origen nepalí como nosotros. Para ese momento yo tenía sólo 8 años y por eso mis recuerdos son escasos. El Rey prohibió que se hablara nepalí y ordenó eliminarlo de las escuelas como idioma de enseñanza. Además, ordenó que todos debían usar el traje típico butanés en cualquier lugar público. Muchos nepaleses mayores, conocidos de mi familia, decidieron proteger nuestra cultura y religión acudiendo a las autoridades para exigir que se nos permitiera conservar nuestras prácticas culturales y tradicionales. Algunos formaron grupos y se quejaron directamente ante funcionarios gubernamentales. Muchos participaron en concentraciones anti-gobierno.

Las órdenes se mantuvieron y el ejército Dupas, atravesó el país desde el oeste y recorrió aldeas buscando a cualquier disidente. Aquellos a los que identificaron, fueron asesinados o maltratados físicamente y llevados a prisión. Las niñas y jóvenes que tenían entre diez y diecinueve años, fueron violadas repetidamente y expulsadas. El ejército era una fuerza poderosa enviada para sacarnos del país. Fuimos despojados de nuestra libertad cultural y del derecho a llamar a Bután nuestro hogar. Se había vuelto muy peligroso vivir en nuestra tierra natal.

Como vivíamos en el sur de Bután, nos llegaron noticias de lo que le estaba pasando a nuestra gente en el oeste de la nación. Mi padre tomó la decisión de proteger a su familia de esta persecución y escapar de Bután.

Dejamos nuestro hogar y partimos con un poco de dinero que mi padre había ahorrado. Caminamos durante dos días sin comida y sin agua hasta que llegamos a la frontera con la India. Había otras familias que también partieron ese día; nadie sabía lo que nos sucedería. Una vez que cruzamos la frontera, mi padre le pagó a un camionero para que nos trasladara a uno de los campos de refugiados temporales llamado Morang, en Nepal. Luego de llegar allí, fuimos asignados al campo Sanischare, que era uno de los siete campos permanentes. Estaba el Beldangi 1, el Beldangi 2, el Beldangi 3, el Goldhap, el Khudunabari, el Timai y el Sanischare. En estos campos había aproximadamente 100,000 refugiados de origen nepalí provenientes de Bután.

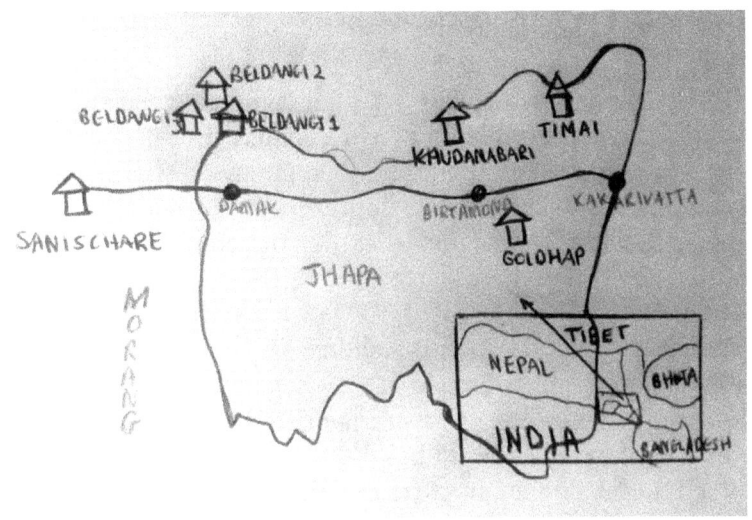

Mapa de ubicación de los campos

Cuando llegamos, nos dieron bambú, una lámina de plástico y algunas herramientas para construir una choza. Mis hermanos mayores ayudaron a mi padre a construir una casa bastante rudimentaria. A menudo veía a mis padres llorar, estaban absolutamente devastados por haber perdido lo que habían logrado durante toda una vida de trabajo. Habíamos dejado todo atrás y ahora no teníamos nada. No teníamos ropa ni nada para cubrir nuestras necesidades básicas. Mis hermanos y yo llorábamos junto a nuestros padres.

Un gran número de personas murió en estos campos simplemente por la escasez de comida y el cambio de ambiente tan drástico. El clima en Nepal era muy caliente y nosotros no estábamos acostumbrados a estas temperaturas.

No nos quedaba más opción que aceptar el cambio. Un vehículo con un altoparlante se paseaba por el campo actualizándonos sobre cualquier noticia. No había reglas oficiales sobre el comportamiento en el campo; como todo el mundo se la pasaba triste el lugar era apacible y tranquilo. Nadie discutía, nadie le robaba nada a otro y, a medida que pasaba el tiempo, la gente empezó a hacer pequeños trabajos y algunos incluso elaboraban cosas para vender dentro del campo. Nadie podía salir a trabajar ni estaba permitido que entraran personas ajenas al campo.

A pesar de que no nos dejaban salir del campo a trabajar, a partir del año 1992 nos permitieron ir al río cercano para bañarnos y lavar nuestra ropa. Quedaba a media hora caminando. Mi hermano mayor finalmente logró tener una bicicleta y me la prestaba para ir al río. Íbamos a distintas horas del día, dependiendo de si había agua disponible en el campo o no.

Distribuían el agua en diversos sectores, del Sector A hasta el Sector L. En el Sector A había cuatro secciones: A1, A2, A3 y A4. Cada sección contaba con dos grifos a través de los cuales se distribuía el agua tres veces al día solo durante una hora cada vez. Dos personas de cada familia debían ir y permanecer en fila con un balde. El tiempo de espera iba desde media hora hasta una hora en la mañana, en la tarde y en la noche. En ocasiones era difícil obtener agua debido a las largas filas de personas esperando y a que el tiempo se agotaba. Mi madre utilizaba el agua para cocinar y preparar la comida. Si quedaba algo de agua nos podíamos asear debajo de la choza. De vez en cuando limpiaban el área alrededor de los grifos y durante ese tiempo, o buscábamos agua en otro sector, pues difícilmente había suficiente para todos, o no teníamos más alternativa que ir al río. Éramos como peces tratando de sobrevivir fuera del agua. Fue la época más difícil de nuestras vidas.

Había una escuela y un pequeño hospital dentro del campo. Una vez que comencé a ir a la escuela, me alegraba mucho la distracción de aprender algo. Empecé a hacer amigos y ese también fue un cambio muy positivo.

Cuando llovía o hacía mucho viento, el agua se colaba dentro de la choza y empapaba nuestras camas. No podíamos dormir ya que todo estaba mojado. A veces el viento volaba el plástico del techo, en esos casos no dormíamos en toda la noche y al día siguiente no podíamos ir a clase debido a la falta de sueño. Eran tiempos difíciles para todos y una vez que cesaba la lluvia, era necesario secar nuestras camas. Nos daban más bambú, otra lámina de plástico y mis hermanos ayudaban a mi padre a construir otro refugio. Este proceso tomaba de 2 a 3 días.

El hospital del campo era bastante rudimentario, había una constante falta de médicos y la comida y el agua escaseaban. La ONU introducía al campo vehículos de transporte y distribuía alimentos tales como arroz, aceite, cebolla, calabaza, lentejas y bananas. Era asunto nuestro comprar carne o vegetales con el poco dinero que pudiéramos obtener haciendo pequeños trabajos dentro el campo. No nos dejaban salir del campo a buscar otros alimentos así que teníamos que aceptar cualquier cosa que nos dieran. Cuando nos quedábamos sin agua, no podíamos cocinar arroz y por eso no comíamos lo suficiente. De allí que nuestra nutrición era deficiente y nos producía falta de concentración en la escuela y dolores a causa del hambre. Años más tarde, la ONU comenzó a suministrarnos el desayuno, lo que equivalía a una papilla blanda de "polvo de trigo" que preparaban en una pequeña cocina en la escuela. La vida en esos tiempos era como la de un camello viviendo en el desierto sin comida pero acarreando agua en el lomo para sobrevivir… y muchas veces, sin el agua.

Mi padre necesitaba ganar algo de dinero para mantenernos así que se hizo "pastor" en el campo. Nosotros profesábamos la fe Hindú. Él visitaba a las personas en sus casas, leía y oraba con ellos y a cambio le daban una modesta suma de dinero por sus servicios. Ese dinero se usaba para alimentarnos.

El gobierno de Nepal continuó reuniéndose con el Rey de Bután para negociar nuestro regreso pero no lograron llegar a un acuerdo.

Para el año 2000 nos dejaban salir de los campos pero aún no se nos permitía trabajar. Mi tío salió e intentó trabajar en los alrededores pero la policía lo descubrió y lo encarceló por seis meses.

Todos mis hermanos consiguieron esposa, construyeron sus propias chozas y comenzaron a formar sus familias. Yo seguí yendo a la escuela y recuerdo que mi profesor nos decía que un día regresaríamos a nuestro país y comenzaríamos nuestras vidas de nuevo. Él nos llenaba de esperanza y valor para construir una mejor vida para nosotros y nos decía que si seguíamos educándonos, un día seríamos ricos y tendríamos una vida mucho mejor, nos repetía esto con frecuencia. Tuvimos muchos profesores diferentes pero éste era particularmente inspirador. Los profesores vivían dentro del campo, de manera que entendían y conocían todo aquello por lo que estábamos pasando.

Los profesores también organizaban programas escolares y festivales dentro del campo. Íbamos a ver las obras de teatro y a cantar con los artistas. Mi amigo Krishna, quien adoraba cantar, componer canciones y escribir poemas, participaba en estos eventos artísticos. Yo valoraba mucho su amistad. Nosotros los niños aprendíamos mucho de estas presentaciones escolares y también de los niños mayores.

Ese mismo año, en 2000, se anunció en nuestro campo que los estudiantes en las Clases 11 y 12 podrían tomar seis meses de lecciones de computación en el pueblo. Yo acaba de terminar la clase 10 así que, como cumplía con el requisito, fui con mis amigos a la escuela de la localidad. Asistíamos cinco días a la semana una o dos horas por clase. Cuando vimos las computadoras por primera vez, sentimos una fascinación muy especial. Era tan maravilloso ver a otros nepaleses fuera del campo; sin embargo, con frecuencia nos acosaban y nos decían: "Ah, Butanés, largo de aquí". Las personas de los campos a menudo eran golpeadas por los nepaleses de la localidad si salían a caminar solas durante la noche.

Al terminar la Clase 12, se le permitía a los estudiantes ser tutores de los niños más pequeños en el campo. Yo lo hice y me pagaron alrededor de 2000 rupias mensuales, aproximadamente $24 a $26 dólares canadienses por mes. Ese fue el único trabajo que hice en el campo mientras estuve allí.

Cuando tenía algo de dinero extra ahorrado del trabajo, iba con mis amigos al cine de la localidad fuera del campo. Por los altoparlantes anunciaban en el campo la película que estaban pasando. Costaba 20 rupias y como eso era mucho dinero para nosotros, solo íbamos a ver una película dos veces al año. Tomaba una hora llegar allí caminando pero me encantaba la experiencia. Mis mejores amigos eran Madan Giri y Krishna. Leíamos juntos en clase e íbamos al cine cuando podíamos. Una vez vimos una película nepalesa titulada algo así como "Dignidad". Aprendíamos muchísimo viendo este tipo de películas: vimos cómo las personas se respetaban unas a otras, cómo cooperaban en el mundo de afuera y cómo podíamos trabajar y desarrollar nuestras vidas. Veíamos cómo se mostraba el amor entre padres e hijos y, en ocasiones, veíamos documentales basados únicamente en el amor y el romance.

Muchas eran películas de Bollywood en donde veíamos canto, baile y romance, pero algunas eran de acción. El cine tenía capacidad para aproximadamente 500 personas dentro del edificio y había una mezcla de sillas de plástico y madera para sentarse. De camino regreso a casa, comentábamos y criticábamos cada detalle de la película. Permanecía en nuestros recuerdos por mucho tiempo después ya que pasaba mucho tiempo entre una salida al cine y otra.

En la escuela, también me la pasaba cerca de una chica que estaba convencido sería mi futura esposa, así que se convirtió en una amiga especial. Ocasionalmente veíamos alguna película en el cine. Recuerdo que vimos Darpan Chaya, que en español se titula "El espejo ilusorio", y es aún considerada una de las mejores y más taquilleras películas de Nepal. Fue mi película favorita porque trataba de la familia, el amor y la educación.

Yo me enamoré de ella. Para cuando tenía 21 años, le había enviado varias cartas de amor pero ella rechazó la primera y la segunda y no aceptó estar conmigo. Con la tercera carta, accedió a pasar más tiempo conmigo para saber exactamente qué tipo de persona era yo. Su amor hacia mí fue creciendo y con el tiempo dijo que sí a mis cartas y aceptó estar conmigo. Mi padre y yo fuimos a su choza a pedirle a su padre la mano de su hija en matrimonio. Entonces tuvimos que esperar unos días por la respuesta. En la cultura nepalesa las dotes son usuales. Cuando un hombre pide en matrimonio a la hija de alguien, se le permite al padre requerir algo material, inclusive algo como una motocicleta. En el campo nadie tenía nada que dar, por lo que no se pedía nada. La familia aceptó nuestra propuesta y el primero de enero de 2005 nos casamos.

Fueron momentos muy bonitos y llenos de emoción porque mi padre nos dio el poco dinero que había ahorrado de sus lecturas y fuimos al mercado a comprarle a mi futura esposa un sari rojo, el color que usan las novias en las bodas. Era hermoso y salpicado de perlas. Yo llevaba una chaqueta negra y pantalones. Los músicos tocaron en nuestra modesta pero adorable boda. Mi esposa vino a vivir con mis padres y conmigo en nuestra humilde choza y adoptó nuestro apellido.

Nuestra boda

A finales de ese año nació nuestro primer hijo y, aún y cuando éramos muy felices, criar hijos en el campo era todo un reto debido a la escasez de alimentos. Las Naciones Unidas nos dieron algo de comida para bebé para ayudarnos pero era difícil conseguir el resto de las cosas que un bebé necesita.

En el 2007 me picó un mosquito y contraje malaria. Me enfermé seriamente, experimenté una fiebre terrible, dolor en los músculos y los huesos. Al principio mi esposa me cuidaba pero cuando empezaron los temblores y la fiebre aumentó, me llevó al hospital para que me trataran. Me inyectaron algo que hizo efecto con cierta rapidez y me hizo sentir mucho mejor.

Por esa época, mi madre contrajo tuberculosis. Recuerdo verla en muy mal estado, sangrando por la boca y sudando debido a la fiebre. Con frecuencia era necesario llevarla al hospital de emergencia pero no éramos lo suficientemente fuertes para levantarla. Mis amigos Madan Giri y Krishna me ayudaban a montarla en una bicicleta para llevarla. En ocasiones, si nadie más estaba disponible, mi esposa me ayudaba a transportar a mi madre. Todos tuvimos que usar máscaras a su alrededor por seis meses durante su tratamiento.

Afortunadamente no tuvimos que pagar por las medicinas, las cuales fueron un regalo de Dios. Estos fueron tiempos muy duros en nuestras vidas.

Mi esposa y yo habíamos discutido sobre volver a Bután pero sabíamos que no podíamos. Ninguno de nosotros quería seguir más tiempo en el campo. Queríamos una vida mejor y más prometedora. En 2007, el gobierno acordó permitirnos ir a otros países. Nos reunimos como familia a decidir a qué país iríamos. Como deseábamos hallar un país tranquilo y preferiblemente un clima más frío que nos recordara nuestro hogar en Bután, escogimos ir a Canadá y presentamos nuestras solicitudes ante la Organización Internacional para las Migraciones (OIM).

Para el año 2008, los refugiados podían trabajar fuera del campo pero, aún y cuando yo había culminado todos mis estudios hasta el nivel de la Clase 12, fue imposible conseguir un empleo en el gobierno. El gobierno de Nepal no quería darle sus buenos empleos a refugiados nepalíes. Esto nos convenció de que debíamos irnos.

A pesar de que la familia de mi esposa se decidió por EEUU y su solicitud resultó exitosa, mantuvimos nuestro plan de ir a Canadá. Fue difícil para mi esposa cuando su familia se marchó pero nosotros teníamos nuestra propia pequeña familia feliz. Enviaron nuestra visa canadiense al campo, así que al poco tiempo, mis padres, uno de mis hermanos y mi familia inmediata estábamos en un autobús camino al aeropuerto, para posteriormente tomar varios vuelos a Montreal.

Estábamos felices y a la vez tristes de partir de Nepal. Dejábamos nuestra familia, amigos, vecinos y parientes pero sabíamos que ésta era la oportunidad de construir una vida mejor para nuestra familia. En Canadá tenemos libertad, equidad y todo lo que necesitamos. Este maravilloso país ofrece posibilidades infinitas.

Un año después de nuestra llegada, mis otros hermanos se nos unieron en Canadá. Todos nos reunimos para celebrar cumpleaños y otras ocasiones especiales. Para todos es una gran felicidad estar aquí.

Nos tomó algún tiempo aprender francés pero lo logramos. Se me indicó asistir a una escuela para adultos para emprender estudios secundarios y ahora, con la ayuda del gobierno para tomar cursos de entrenamiento vocacional, pude estudiar para convertirme en asistente de chef. Un día quiero tener mi propio negocio, así que estoy trabajando duro para alcanzar esa meta. Tuvimos a nuestro segundo hijo aquí en Canadá y ha sido una experiencia muy diferente dar a luz y criar a un hijo en este país.

Planeamos ahorrar algo de dinero para ir un día a EEUU y visitar a la familia de mi esposa. Antes de que eso pueda ocurrir, necesitamos aprobar nuestro examen de ciudadanía. A menudo recuerdo los tiempos difíciles que vivimos en Bután y Nepal y siempre estaré agradecido por la hermosa vida que ahora podemos disfrutar con libertad.

Yo viví en el campo desde que tenía 8 años. Tengo 32 años y mi esposa 31. Pasé veinte años en ese campo y ahora, con nuestra nueva libertad, esperamos con gran esperanza el futuro que tenemos por delante.

Capítulo II

Historia de un refugiado de la República Democrática del Congo

Mi nombre es Abebe y nací en la aldea de Kabare, ubicada en la provincia de Kivu del Norte (Nord-Kivu) en la parte oriental de la República Democrática del Congo (DRC por sus siglas en inglés). Nací en el hospital público local el cual contaba con recursos limitados, pero funcionaba de manera adecuada como maternidad. Mi padre tenía dos esposas. Con una esposa tuvo dos hijos y con la otra esposa, mi madre, tuvo siete hijos, todos nacimos en la República Democrática del Congo. Dos de mis hermanas murieron siendo pequeñas a causa de una enfermedad y uno de mis hermanos murió hace unos años debido a una infección en una pierna. Solamente quedamos cuatro hijos, todos viven en la República Democrática del Congo, excepto yo. Puede resultar extraño, pero no me parezco a mis hermanos. Mi piel es mucho más oscura que la de ellos y mi cara y mi nariz son mucho más delgadas en comparación con las de mis hermanos, quienes tienen una nariz más grande y ancha, semejante a la nariz de la gente Bantú, perteneciente a la tribu Bashi de la que formamos parte.

Nací a finales de 1964, justo después de la guerra de independencia de Bélgica. Existían tantos problemas políticos en ese tiempo que es realmente confuso y es muy difícil tratar de comprender todo lo que sucedía en esa época. En 1965, cuando yo tenía poco de haber nacido, el presidente Mobutu se convirtió en líder del país. El área en donde vivíamos se volvió razonablemente pacífica en ese momento. En 1967, cuando cumplí tres años, mi padre enfermó gravemente y murió. No recuerdo este periodo de tiempo, pero recuerdo siempre sentir un profundo amor y respeto por mi madre ya que ella fue madre y padre para nosotros.

Mi hermano mayor a veces ayudaba a mi madre y se encargaba de diversos asuntos, entre ellos de organizar la papelería requerida para mi inscripción escolar. Me gustaba mucho la escuela. Me encantaba aprender y para mí era una gran alegría ir a la escuela y estudiar. Cuanto tenía seis años enfermé de sarampión. Mi cuerpo se cubrió de manchas y la enfermedad afectó mi ojo derecho. El globo ocular comenzó a crecer rápidamente. Me llevaron al hospital local, pero no contaban con el equipo necesario ni el personal adecuado para tratarme, así que mi madre me llevó al hospital en el pueblo de Bukavu.

En este pueblo se había instalado un grupo de médicos belgas y afortunadamente estaban especializados en atención médica oftalmológica. Nos informaron que el globo ocular había crecido tanto que se había salido de la cuenca del ojo y por lo tanto, tendrían que sacarlo. Acepté lo que sucedía y lo tomé como algo fortuito, así que estuve de acuerdo con que llevaran a cabo la operación en mi ojo. Recuerdo que me pusieron la máscara en la cara y después perdí conciencia. Fue una experiencia demasiado nueva para alguien tan pequeño como era yo en ese momento.

Cuando desperté, me llevaban en una camilla a mi cuarto. Tuve una buena recuperación y durante las dos semanas siguientes los médicos me visitaban todos los días para ver mi evolución. Me sentí mucho mejor una vez que la herida sanó y el dolor había desaparecido.

Incluso después de la cirugía, seguía siendo el mejor estudiante en mi clase. El tener solamente un ojo no afectó en nada mis estudios.

Tenía una excelente relación con mi madre. Ella siempre cuidó de nosotros y a la hora de tomar alimentos, siempre tenía preparada la comida para todos. Tiempo después, mi hermano mayor conoció a una mujer y se casó con ella; los dos vivían con nosotros, pero no era una situación muy agradable. Mi padre nos había dejado su terreno y teníamos tres casas pequeñas allí. Mi hermano vivía en una de las casas con su esposa y mi madre. Mis hermanos y yo compartíamos las otras dos casas, a veces incluso dormíamos en la misma cama.

La esposa de mi hermano no estaba contenta con este arreglo y siempre surgían problemas a causa de esto. Esta situación era muy difícil para mi hermano ya que él apoyaba a su esposa y esto creaba conflicto con mi madre.

El resto de nosotros nos llevábamos muy bien. Cuando mi hermano mayor y su esposa no estaban con nosotros, recuerdo reírnos de todas las historias que mi madre nos contaba de cuando ella era chica y sobre su punto de vista sobre todo en general. Éramos una familia con una fe cristiana muy fuerte y mi madre siempre nos enseñó cómo comportarnos en sociedad así como la importancia de tener estudios. Pienso igual que ella, si uno educa a su familia, uno está educando al país porque se está educando a los ciudadanos de una nación, por lo tanto se está educando al mundo. Si el mundo está lleno de criminales es porque no fueron educados dentro de una unidad familiar. Es necesario asegurarnos de que las situaciones que se presentan día a día dentro de la familia se enfrenten y se manejen de la mejor manera posible.

Cuando era adolescente, nunca tuve una relación con una chica. Nunca encontré alguien de quien pudiera enamorarme. No bebía alcohol ni salía de fiesta con los amigos ya que pensaba que si bebía alcohol o tenía relaciones con mujeres, contraería una enfermedad, y eso era lo que menos quería.

Mi madre, mis hermanos y yo cenábamos en familia frecuentemente y una noche mi madre me contó una historia para ayudarme a encontrar esposa. Me explicó que era importante encontrar una mujer que fuese alta, como ella. Según mi madre, si la mujer era baja yo no lograría ser feliz porque ella no podría ayudarme en lo que se necesitase. Me dio el ejemplo del hombre que quería fumar tabaco y que necesitaba fuego. Me dijo que si mi esposa era demasiado baja, no podría ayudarme a encender el tabaco, es decir que era importante que los dos tuviésemos la misma altura para poder ayudarnos mutuamente. Mi madre opinaba que si la mujer no podía ayudar al marido, desarrollaría un complejo. Pensaba que las personas bajas tienen un complejo que les causa ser malas personas con los demás. Yo crecí escuchando sus historias y recuerdo la alegría que sentía al escuchar sus teorías y pasar tiempo con ella, esos momentos con mi madre son algo sagrado para mí.

Mi madre se negó a casarse de nuevo porque quería dedicar su tiempo a cuidarnos y a apoyarnos en lo que necesitásemos. Su amor hacia nosotros fue un amor muy hermoso.

Con el paso de los años, continué mis estudios y en 1982, cuando tenía 18 años, decidí partir a la ciudad de Bukavu en la provincia de Kivu del Sur. Quería estudiar en la universidad con el propósito de obtener un diploma en Administración de Empresas. También tenía interés en ser profesor, así que hice estudios relacionados a este campo. Encontré un hogar en donde vivir e iba a la iglesia todos los domingos.

Después de varios años, cuando terminé mis estudios, me fue muy difícil encontrar trabajo dentro del área de administración de empresas en la República Democrática del Congo. Tuve que aceptar empleos en otras regiones para poder subsistir. Hice esto por muchos años.

Cuando tenía 33 años me enamoré de una chica que veía en la iglesia. Yo tenía una buena relación con los pastores de la iglesia, así que les hablé de ella. En nuestra religión, si nos sentimos atraídos hacia una persona, no se nos permite acercarnos a ella y declararle nuestro amor. Todo se tiene que hacer mediante el pastor. El razonamiento en el que se apoya esta idea es que, si hubiese un hermano en Cristo que hubiese visto primero a esta chica y otro hombre se acercase a esa misma muchacha, se crearían enemigos lo cual llevaría a una confrontación. Los pastores deseaban evitar una situación así, por lo tanto se les pedía a todos que se comunicasen con las chicas con las que les gustaría casarse por medio de los pastores.

Cuando hablé con el pastor la primera vez, le dije: "¿Ve usted a esa mujer? Deseo hablar con ella, la amo". Fui a casa y esperé impacientemente por la respuesta. Hablé con mi madre acerca de esta chica. Le tomó tres semanas al pastor decirme que podía hablar con ella. Fue tan hermoso poder finalmente encontrarme con la mujer de la que me había enamorado.

Preparé una carta, declarándole mi amor por ella y diciéndole que si no me amaba, ella no tenía que aceptar mi proposición de matrimonio. Ella contestó que sí y seis meses después, en mayo de 1996, nos casamos. Era una chica hermosa y mi madre estaba feliz porque era alta.

Tuvimos una gran celebración en la iglesia en Bukavu con rezos y una ceremonia que comenzó a las 9 de la mañana y terminó tres horas más tarde. Después de la ceremonia religiosa, viajamos 25 kilómetros a mi aldea natal en donde celebramos con una gran fiesta.

Recibimos muchos regalos de parte de mis hermanos, fueron momentos muy felices. Nos quedamos allí durante dos meses para que mi esposa y yo pudiésemos pasar tiempo con mi familia y que se desarrollase una buena relación entre todos.

Para cuando dejamos la aldea para volver a la ciudad de Bukavu, mi esposa estaba embarazada. Fue en ese tiempo que comenzó la primera de muchas guerras, vivíamos en extremo temor. La guerra llegó a nuestra ciudad y tuvimos que buscar un lugar más seguro para vivir, así que decidimos volver a mi aldea natal. Reunimos unas pocas cosas, hicimos unos cuantos bultos que cargamos sobre la cabeza y escapamos. Tuvimos que correr los 25 kilómetros que nos separaban de la aldea; había hombres, mujeres y niños corriendo en todas direcciones. Había montones de cadáveres por todos lados, personas a las que les habían disparado. Tuvimos que montar sobre pilas de cuerpos para lograr seguir corriendo. Esto fue demasiado para mi esposa, tanto que sufrió un aborto natural. Cuando llegamos a la aldea, nos quedamos allí durante dos meses para que mi esposa sanara. Rezamos mucho para que la mano de Dios estuviese sujetando la de mi esposa y que se recuperase.

Muchas personas de la ciudad volvieron a la aldea, pero poco tiempo después la guerra llegó también hasta ahí. Para escapar de las hostilidades, decidimos regresar a Bukavu, al poco tiempo mi esposa volvió a quedar encinta. Nos establecimos en nuestro hogar y comencé trabajar en el área. Nueve meses después, estando yo en mi trabajo, recibí un mensaje diciéndome que mi esposa estaba dando a luz en el hospital. Inmediatamente fui a su lado. Fue una experiencia increíble ver a nuestro primer hijo; me sentí tan especial, sentí que yo era lo suficientemente bueno como para ser bendecido con un hijo. Cuando vi a mi pequeña bebé, la besé tiernamente. Mi esposa y yo nos abrazamos y le dimos gracias a Dios por esta maravillosa bendición. Nos sentimos extremadamente felices.

El siguiente día dejamos el hospital, era el momento de celebrar la nueva vida recién llegada a nuestra familia. Cuando hay un nacimiento, siempre celebramos al recién nacido e invitamos a nuestra familia, amigos y vecinos a celebrar con nosotros. Toda la familia vino a visitarnos, nuestros familiares trajeron regalos tales como dinero, arroz, azúcar, jabones y ropa para nuestra hija.

Comimos y bailamos durante todo el día.

Al poco tiempo de haber nacido nuestra hija, mi esposa quedó encinta de nuevo. Fue necesario que yo trajese más dinero a casa para mantener a mi familia. Tenía pequeños trabajos pero el sistema de pago del gobierno no era muy bueno, así que tuve que buscar trabajo lejos de casa. Fue difícil porque esto significaba que mi esposa debía quedarse sola al cuidado de nuestra hija, lo cual resultaba pesado para ella debido a su embarazo.

Me ofrecieron un empleo en Moba, un pueblo a 500 kilómetros de casa, trabajando en el área de contabilidad de una organización sin fines de lucro. Tomé un avión para llegar a este pueblo ya que no existían carreteras que llegaran hasta ahí. Cuando necesitaba ir a algún lado no había otra opción mas que volar.

Disfruté trabajar en Moba, hice algunos amigos en el trabajo y por medio de la iglesia. Hablaba con mi esposa tan seguido como podía, pero más adelante se volvió complicado porque la guerra llegó a mi pueblo. Logré obtener el mensaje de que mi esposa había dado a luz a nuestra segunda hija, me sentí muy feliz cuando recibí la noticia. Deseaba volver con mi esposa y mis hijas pero las calles estaban llenas de soldados y existía un ambiente de inestabilidad civil; era peligroso tratar de escapar.

A pesar del riesgo que esto representaba, decidí partir pero varios soldados me detuvieron y me acusaron de ser de Ruanda. Les dije que, aunque físicamente no lo pareciese, yo era del Congo. No me creyeron, pero mis amigos les convencieron de que era de la República Democrática del Congo y que mi familia era parte de una tribu local establecida en la aldea Kabare. Los soldados me dejaron ir, pero a partir de ese momento, supe que me encontraba en peligro ya que físicamente parecía ruandés.

Las guerras que continúan en el Congo comenzaron en Ruanda. Es una situación complicada pero trataré de presentarla de la manera más simple posible para explicar los peligros que enfrenté debido a mis característica faciales y a mi apariencia física. El conflicto surgió debido a que tribus rivales deseaban obtener el poder para dirigir Ruanda.

En Ruanda existen tres grupos étnicos o tribus: los hutu, los tutsi y los twa. Estas tribus son enemigas entre sí y los miembros de estas tribus se asesinan unos a otros mediante genocidios masivos con el propósito de tomar el poder sobre el país. Esta guerra lleva ya varias décadas.

Antes de 1960, cuando el país era todavía parte de la colonia belga, un líder de la tribu tutsi fue el primero en gobernar Ruanda. Los grupos tribales hutus querían terminar con el dominio belga mediante una guerra de independencia en la cual se llevó a cabo un genocidio masivo. La tribu hutu asesinó a muchísimos miembros de la tribu tutsi, por lo cual los tutsis huyeron a países aledaños y esto permitió que tomara el poder un presidente hutu.

Los soldados tutsis que huyeron formaron grupos insurgentes llamados "inyenzi" y lanzaron ataques sorpresa en Ruanda desde los países en los que se encontraban. Estos ataques tuvieron éxito y muchos presidentes más tomaron el poder con el paso de los años. El presidente tutsi Paul Kagame tomó el poder en Ruanda en 1994. Durante este periodo, muchos de los soldados hutus huyeron del país y se establecieron en Bukavu y Goma, en la Republica Democrática del Congo. Vivían en las áreas selváticas en donde lograron acumular grandes riquezas gracias a la explotación de minas congoleñas.

En mi opinión, la minoría tutsi parecía estar gobernando Ruanda de una manera correcta, pero siempre existía el temor de que las tribus hutus estuviesen planeando ataques sorpresa. Los tutsis estaban determinados en localizar a los soldados insurgentes hutus en la República Democrática del Congo y acabar con ellos, así que un grupo de Tutsis partió hacia el Congo. Este grupo fue guiado a lo largo del río que hace frontera con la República Democrática del Congo por Kabila, un hombre congoleño muy poderoso. Los tutsis pensaban que si ayudaban a Kabila a eliminar a Mobutu, presidente de la República Democrática del Congo, sería más sencillo establecer su autoridad en ese país y así poder eliminar a más soldados hutus, también llamados "interahamwe".

Su plan funcionó porque, cuando llegaron a la República

Democrática del Congo, el presidente Mobutu no pudo defenderse y tuvo que huir del país permitiendo así que el presidente Kabila tomara el poder en la República Democrática del Congo. Una vez que Kabila obtuvo el control de la nación, ordenó a los soldados ruandeses que salieran del país. Los soldados estaban furiosos contra él ya que les había prometido que podrían quedarse en el país y ejercer su poder. La siguiente guerra comenzó entre el gobierno de Kabila y los grupos tutsis de Ruanda. Esto significó que cualquier soldado ruandés que fuese encontrado por soldados congoleños sería arrestado o asesinado.

Había muchas guerras diferentes. Es una situación política demasiado complicada que si no se examina en su totalidad sería muy difícil comprenderla. Pienso que si los soldados de Ruanda se hubiesen marchado a su país en paz, el problema en la República Democrática del Congo se hubiese resuelto. Esto hubiera requerido un gran esfuerzo por parte de la ONU y de otros países para trabajar unidos con la esperanza de encontrar una solución pacífica a esta terrible situación.

Debido a esta constante guerra y porque yo parecía ruandés, me tomó tres meses volver a Bukavu para conocer a mi pequeña hija. Fue un gran alivio verlas a las tres sanas y salvas, pero no pude quedarme mucho tiempo con ellas. La guerra estaba alrededor nuestro y mi seguridad estaba en peligro. Mi esposa tenía rasgos congoleños así que de alguna manera estaba protegida, pero yo no. Le pedí que viniera conmigo y partir los cuatro al mismo tiempo, pero la detuvo el hecho de tener que partir con nuestras dos hijas, sería muy difícil marcharse con una recién nacida y una niña de un año. Me dijo: "Si he de morir, pues moriré. No puedo marcharme contigo". Eran alrededor de diez millones de personas las que habían muerto como resultado de estas guerras. Eran tiempos peligrosos para todos.

Había ahorrado algo de dinero obtenido de mi trabajo en Moba y con ese dinero huí con la esperanza de que mi esposa y mis hijas me alcanzarían más adelante. La ciudad de Bukavu limita con Ruanda, el río Ruzizi separa los dos países. Había muchas personas tratando de escapar de la guerra. Los guardias podían vernos correr, pero no podían detenernos. Si yo hubiese sido soldado, me hubiesen detenido para preguntarme a dónde me dirigía. A los civiles, los dejaban pasar. Crucé el río fácilmente con la ayuda de una balsa de bambú. Cuando llegué al otro lado del río, usé algo del dinero que tenía para tomar el autobús y cruzar la siguiente frontera, Cyangugu. Ese mismo día, seis horas después, llegué a Kigali, la capital de Ruanda. Esto ocurrió en1999.

Soy una persona que cuenta con educación, por lo tanto no tardé mucho en planificar lo que debía hacer. Me encontré con personas de la iglesia a la que pertenezco y les conté lo que me estaba sucediendo. Me dieron la bienvenida en su hogar y me apoyaron para lograr recuperarme de lo que me estaba pasando; me quedé con ellos durante seis meses. Fue muy difícil estar alejado de mi familia por tanto tiempo, así que les enviaba cartas por medio de otras personas, diciéndoles en dónde me encontraba para que pudiésemos reunirnos. En el 2000 mi esposa y mis hijas se reunieron conmigo. Mis niñas habían crecido muchísimo desde la última vez que las vi. Fue maravilloso poder estar toda la familia reunida otra vez.
Me registré en la ONU y les expliqué mi situación. En el año 2003 recibí la condición de refugiado. Mi caso fue considerado especial debido a mi singular apariencia física y cubrí los requisitos para un reasentamiento.

Presenté solicitudes de empleo para trabajos relacionados a mis estudios académicos y finalmente obtuve el empleo de profesor. Ganaba lo suficiente como para mantener a mi familia así que no fue necesaria la ayuda de la ONU durante este periodo de tiempo, excepto por las medicinas que necesitábamos para mis hijas cuando llegaban a enfermarse. No tuvimos necesidad de vivir en un campo de refugiados ya que yo ganaba lo suficiente como para vivir en una casa normal. Me era posible pagar el alquiler y los alimentos debido a que vivíamos como refugiados urbanos. Fuimos muy afortunados ya que, si no hubiese tenido un empleo, nos hubiesen forzado a vivir en uno de los campos de refugiados. Había 72,000 refugiados del Congo viviendo en Ruanda en ese momento.

Mi hija mayor comenzó a ir a la escuela y yo seguía trabajando como profesor. Mi esposa y yo intentamos tener más hijos pero tuvo cuatro abortos espontáneos en tres años. Yo seguía rezando por tener un hijo ya que en África existe la creencia de que se debe tener hijos de ambos sexos para que exista una diferencia. Nunca es bueno que sólo exista un solo sexo entre los hijos. Con el tiempo, mi esposa volvió a quedar encinta y esta vez tuvimos un niño; mi hijo nació en Kigali. Lo llamé Ashuza, este nombre significa "Dios responde". Me sentí tan feliz de tener un hijo varón. Tuvimos otro niño un año más adelante y otro hijo más siete años después. Tenemos cinco hijos en total y me encanta pasar tiempo con ellos.

Mi esposa pasó todo su tiempo criando a nuestros hijos mientras yo trabajaba. Había sólo unas cuantas escuelas en el área en donde vivíamos, pero logré ganar un poco de dinero extra trabajando en dos escuelas a la vez. Los niños iban a la escuela cinco días a la semana; en general mis hijos iban a la escuela en las mañanas y mis hijas a la escuela secundaria en las tardes. No había suficientes salones de clase para dar clases a los alumnos de primaria y secundaria al mismo tiempo. Yo era profesor de secundaria y mi esposa se encargaba del hogar; era maravillosa, al llegar a casa siempre tenía listos los alimentos para nosotros. Disfrutábamos mucho comer en familia, lo cual me recordaba los momentos que viví con mi madre en el Congo.

Por medio de la ONU, continué con mi solicitud para emigrar a Canadá. A pesar de que estábamos establecidos en cuanto a casa y trabajo, los grupos que se encontraban viviendo fuera de Ruanda siempre estaban buscando la manera de desestabilizar el gobierno ruandés. Era posible que nuestra situación cambiase de un momento a otro, por lo tanto seguíamos viviendo en constante temor a pesar que contábamos con un hogar seguro.

En 2012 recibí una llamada de mi hermano para decirme que mi madre había fallecido. Un día estaba bien y al siguiente enfermó y murió. Tenía 82 años. Fue muy difícil para mí estar lejos de ella y lloré mucho cuando recibí la noticia de su muerte. Lamentamos enormemente su partida y le guardamos luto en casa; con el tiempo, acepté su muerte.

En mi fe no se cree en rezar por los muertos ya que la persona al morir pasa al plano divino. Debemos rezar mientras estamos vivos para que Dios esté con nosotros y para que intervenga en nuestras vidas aquí y ahora. Yo creo en la resurrección; después de nuestra resurrección, tendremos otra vida en la tierra. Es nuestra constante fe en Dios lo que arreglará los problemas en el mundo. Los políticos no pueden brindar amor y paz al mundo ya que sus intereses son políticos. La paz vendrá mediante Dios y no mediante el hombre. Pienso que es posible vivir en un mundo de paz; tengo fe que esto sucederá algún día.

Finalmente recibimos la notificación de que nuestra solicitud para venir a Canadá había sido aceptada. La noche anterior a nuestra partida, mi hijo Ashuza me dijo que había soñado que volaba en un avión por primera vez. Estaba muy emocionado; era una gran emoción para toda la familia viajar hacia una nueva vida llena de oportunidades y en donde existiese, entre otros beneficios, un buen servicio médico. Este cambio significó para nosotros partir hacia un lugar pacífico en donde no me iba a sentir menospreciado debido a mi aspecto físico ni viviría con el temor de ser atacado con un arma debido a la misma razón. Mis hijos tendrían un futuro mejor.
Llegamos a Canadá en diciembre de 2013 y ya hemos comenzado nuestra integración. Mis hijos mayores están inscritos en la escuela y les va muy bien; mi hijo menor comenzará a ir a la escuela el próximo año. Tengo la esperanza de que muy pronto encontraré empleo dentro de mi área de experiencia. Nuestra vida aquí es mucho mejor. Mis hijos comenzaron a aprender francés en África con el fin de que cuando llegásemos a Canadá pudiesen comunicarse más fácilmente. El sistema aquí es diferente, sin embargo se están adaptando muy bien.

Soy el producto de mis oraciones, rezo para pedir ser lo que deseo ser. Cuando era niño tomé la decisión de nunca beber alcohol, fumar o tener aventuras con mujeres. Deseaba ser un hombre de familia, ser un buen esposo y un excelente padre. Siempre evité cualquier situación que me distrajese de ser la persona que soy hoy en día. Aconsejo a mis hijos constantemente, les ayudo con sus tareas escolares y trato de comprender sus problemas y sus necesidades.

No tenemos mucho dinero en este momento y toda ayuda inicial que recibimos del gobierno para nuestra inmigración, la hemos utilizado para pagar el alquiler, nuestros alimentos y las facturas de teléfono y de internet. Nos han dicho que el costo por electricidad es muy elevado, la verdad, no tengo muchas ganas de que llegue esta factura. Mis hijos tienen muy poca ropa y no queda suficiente dinero como para que mis hijas compren ropa o tengan su propia computadora. Tenemos fe en que con el tiempo, conseguiré un empleo y así proporcionar un mejor nivel de vida a mi familia. Mis hijos quieren un coche porque ha estado nevando desde que llegamos. Sin coche, tienen que caminar a todos lados y terminan congelados, pero sobrevivirán, saben que deben ser pacientes.

Sería muy agradable visitar a nuestra familia en el Congo una vez que estemos totalmente establecidos aquí. Tal vez, el día en que sea rico, pueda traer al resto de mi familia a Canadá. Me encantaría encontrar trabajo en un organismo humanitario y así poder utilizar las experiencias que he vivido para ayudar a otros. Me gustaría mucho ofrecer ayuda a otras personas, una ayuda como la que yo he recibido.

Mi hija mayor quiere ser doctora, la otra quiere estudiar informática. Ashuza, mi hijo mayor, desea ser piloto y su hermano quiere ser arquitecto. Mi hijo menor es demasiado chico aún como para saber qué quiere ser de mayor. Me siento muy orgulloso de mi familia y tengo expectativas muy positivas de lo que será nuestra vida en Canadá.

Capítulo III

Historia de un refugiado de Colombia

Mi nombre es Jaime y nací en julio de 1977 en el Departamento de Santander en Colombia.

Tengo un hermano a quien llamaré Luis por razones de seguridad. Es posible que él siga con vida y habitando en una de las zonas más peligrosas y violentas de Colombia. No sé en dónde pueda estar o si algún día lo volveré a ver. Ni siquiera es posible tratar de contactarlo debido a que podría ser muy peligroso para ambos. El resto de mi familia está muerta y a continuación contaré mi historia.

Mi madre tuvo cuatro hijos, todos nacidos en Colombia. Luis era el mayor, seguido por Bernardo, después nació mi hermana Alyssia y finalmente nací yo, el hijo pequeño de la familia. Mis hermanos y yo éramos muy unidos y los cuatro nos queríamos mucho.

Ya que es difícil tener acceso a los hospitales debido a la distancia a la que se encuentran de las zonas rurales, la mayoría de los nacimientos en los pueblos ocurren en casa. Por lo general, no se expiden actas de nacimiento, a menos que, por algún motivo en especial, oficiales del gobierno visiten el hogar y efectúen un registro del recién nacido. Frecuentemente se ignora la fecha exacta del nacimiento. Esta situación está cambiando a medida que las aldeas y pueblos crecen, ahora los nacimientos se registran con más frecuencia. Mis padres no tenían sus papeles en regla ya que este sistema no estaba establecido en esa época. Por este motivo, es muy difícil calcular la edad de las personas mayores que viven en las aldeas. Estas zonas rurales carecen de iglesias, oficinas municipales, hospitales o instalaciones gubernamentales.

A continuación trataré de explicar la situación política en Colombia para que puedan comprender mi historia.

Las áreas rurales de Colombia son muy peligrosas porque los grupos de guerrilla se esconden en áreas selváticas en donde preparan sus ataques contra el gobierno. Santander es una zona rural de este tipo, cuenta con muchas montañas, aldeas pequeñas, zonas de cultivo y áreas selváticas. Se nos permite mudarnos de aldea pero no de departamento.

Había, y sigue habiendo, una corrupción desmesurada dentro del gobierno de Colombia. Las personas no tenían empleo, además existía la explotación de personas en donde se les obligaba a trabajar para grandes corporaciones mineras de oro y carbón, recibiendo sueldos ínfimos, en el mejor de los casos y la población en general no recibía ayuda alguna del gobierno. Si las personas no pueden trabajar y además el gobierno no les ayuda, la población sufre y todo finalmente acaba por deteriorarse. Cuando el pueblo sufre, se forman grupos para luchar en contra de sus opresores.

El gobierno enviaba al ejército a las áreas rurales con el fin de apropiarse de las tierras y de esta manera adueñarse de todo lo posible. El ejército utiliza grupos paramilitares para hacer el trabajo sucio y todo puede cambiar a los cinco minutos de su llegada a las aldeas. Los grupos paramilitares son como soldados que se entrenan en sus propios campos y que el gobierno, así como los traficantes de droga importantes, los contratan, para hacer todo trabajo que sea requerido. Dependiendo de quién solicita el servicio, estas personas llevan puesto el uniforme correspondiente. Puede ser que lleven puesto el uniforme del ejército, la ropa que utilizan en sus entrenamientos o incluso ir vestidos de civiles. Cuando trabajan para el gobierno, utilizan ropa de estilo militar con el logotipo del ejército en frente de la camisa y en las mangas llevan un emblema redondo en blanco y negro con la palabra SAUSAE, lo cual quiere decir que su trabajo es defender a las personas. Son como la policía militar. Siempre están esperando que los contrate ya sea el gobierno o algún capo del narcotráfico. Utilizan diversas tácticas para asustar a las personas y así asegurarse de que ninguna aldea se atreva a formar una alianza para actuar en contra del gobierno.

Si los capos del narcotráfico envían a un ejército corrupto o a los paramilitares o incluso si ellos mismos se presentan en las aldeas, es con el fin de adueñarse de las tierras para cultivar la planta de coca, la cual se utiliza para fabricar la cocaína. Solamente unas pocas personas que tengan conexión con uno de los grupos del ejército o de paramilitares, puede quedarse y trabajar en la plantación, pero el resto de los habitantes deberá marcharse y abandonar sus tierras. Si alguien se atreve a reclamar o a cuestionar las acciones de estos grupos, se les tortura y posteriormente se les mata. Igualmente, si alguien protesta en contra de ellos o coloca pancartas con mensajes en el área o en sus hogares, simplemente se les mata. Se envía a los paramilitares a las aldeas para ver si las personas están causando problemas, es decir, si están haciendo público su descontento ante la situación. Estos grupos van a los pueblos y aldeas y torturan personas elegidas al azar para tratar de obtener información acerca de las personas que estén causando problemas a los traficantes. Vivir así es espantoso para cualquiera.

A los grupos paramilitares se les asigna trabajos siguiendo un sistema jerárquico. Entre más oscuro sea el color de la piel de la persona, peor será el trabajo que se le asigne llevar a cabo en contra de los habitantes de una aldea. Generalmente, las personas de color, las de origen indígena y algunas personas de raza mixta, efectúan los trabajos básicos o los considerados más bajos. Esta es la razón por la cual cualquier persona que ocupa un puesto de autoridad dentro de estos grupos armados generalmente es blanca.

Debido a esta represión por parte del gobierno y de los capos del narcotráfico, las personas se cansaron de no tener derechos y de ver sus tierras arrebatadas por estos grupos. Para lograr sobrevivir, han formado grupos para sentirse protegidos por medio de esta alianza voluntaria. Se reúnen en grupos para aprender cómo utilizar armas y pelear. La fuerza de estos grupos de guerrilla crece, se esconden en áreas montañosas de la selva y ahí esperan el momento oportuno para atacar.

Debido a la corrupción del gobierno, existe un constante conflicto entre estos grupos de guerrilla y las autoridades. Dos de los grupos de guerrilla más importantes son FARC y ELN. El grupo más grande es FARC (Fuerzas Armadas Revolucionarias de Colombia), se fundó en 1964 y cuenta con entre 8,000 y 13,000 miembros. Se conoce a este grupo como el Ejército del Pueblo. El ELN (Ejército de la Liberación Nacional de Colombia), cuenta con varios miles de miembros y comúnmente se esconden en las áreas selváticas del país. Colombia, los Estados Unidos y muchos otros países han catalogado a estos dos grupos como organizaciones terroristas. Desgraciadamente miles de personas inocentes y trabajadoras se encuentran atrapadas en medio de este conflicto. Si la guerrilla captura a una persona que resulta estar a favor del gobierno, la matan y si los paramilitares capturan a alguien que parece estar a favor de la guerrilla, también la matan. Todo parece indicar que no hay salida. Todos viven con miedo, ya que miembros de cualquier grupo pueden entrar en cualquier momento en las aldeas y pueblos con el fin de amenazar a los habitantes e infundir miedo en la comunidad para que las personas no se quejen y mantengan la boca cerrada. Todo el mundo vive en peligro.

En resumen, los principales problemas en Colombia son un gobierno corrupto y el poder de los capos del narcotráfico.

Toda mi familia vivía en la misma casa; vivíamos en constante temor debido a esta situación. Éramos una familia tranquila y sencilla que sólo deseaba vivir en paz y no tener trato alguno con ninguno de estos grupos. Yo me dedicaba a trabajar la tierra con mi padre y mi hermano Bernardo. Mi hermana Alyssa trabajaba con un grupo de la iglesia y llevaba a cabo trabajo humanitario para brindar ayuda a las personas en estas áreas rurales. El novio de mi hermana y el hijo pequeño de ambos vivían con nosotros. Luis, mi hermano mayor, su esposa e hijos también vivían con nosotros; la familia estaba creciendo.

En 1985, cuando yo tenía ocho años, mis padres decidieron mudarse a otra aldea en el mismo departamento. Mis hermanos, todos mucho mayores que yo, se quedaron en la casa que habitábamos y yo me fui con mis padres.

Nos mudamos a una casa en la orilla de la selva. El terreno medía 37,000 metros cuadrados. Era una zona en donde había muchos árboles así que no era la típica zona de cultivo que normalmente se encuentra en otras áreas abiertas. Teníamos muchos cultivos en este terreno, plantábamos café, cacao y yuca, la cual es una raíz que contiene gran cantidad de carbohidratos y es un alimento básico.

A este tipo de granja se le conoce como "finca". Nuestra casa era de madera con techo de hoja de palma. Este tipo de techo evitaba que el agua penetrase y pudriese la madera interior. En la selva no hay electricidad ni agua corriente, el agua se obtiene del río. La mayoría de las personas que trabajan en las fincas llevan botas de campo y traen consigo un gran machete que se utiliza como protección pero también para el cultivo del café. Así mismo, los machetes se usan para cortar la vegetación al caminar entre la selva.

Había una escuela y los domingos por la mañana se utilizaba como iglesia; ahí, los habitantes de la aldea podían rezar y después de la misa los niños se quedaban a jugar.

Cuando se necesitaba viajar a algún sitio en autobús, caminábamos dos o tres horas; había que utilizar estrechos caminos de tierra en la montaña para llegar a la carretera de tierra principal en donde el autobús nos recogía y en donde nos bajábamos de regreso a casa.
Durante los primeros tres años en la finca, mis hermanos, mi hermana y todos sus hijos nos visitaban frecuentemente. Cuando cumplí once años, mi hermano Bernardo y mi hermana desaparecieron de repente.

Un día los paramilitares llegaron a la casa y se llevaron a Alyssa y a su hijo, nunca los volvimos a ver. Alyssa tenía 22 años cuando desapareció. A Bernardo se lo llevaron poco tiempo después, tampoco lo volvimos a ver; él tenía 28 años. Los tratamos de buscar pero las autoridades no nos prestaron ayuda alguna. Después de la desaparición de Alyssa y Bernardo, Luis nos visitó algunas veces y nos contaba lo que estaba ocurriendo en la aldea. Poco tiempo después también él desapareció y jamás lo volvimos a ver.

Deseo con todo el corazón encontrar a mis hermanos, a mi hermana y a mi pequeño sobrino, pero me temo que fueron asesinados y sus cuerpos arrojados al río. A muchas personas las sacaron de sus casas por la fuerza para torturarlas y así tratar de obtener información o, como en el caso de mi hermana, las torturan como castigo por ayudar a otros mediante su trabajo humanitario. A algunas personas se les forzaba a trabajar en la construcción de centros de detención. Una vez que el trabajo estaba terminado, los mataban y los cortaban en pedazos arrojándolos al río para evitar que contasen a otros lo que estaba ocurriendo o delataran a las personas a cargo de las ejecuciones. Pensar en todo esto es extremadamente doloroso, siento un terror enorme sólo de pesar en todo lo que tal vez les ocurrió a mis hermanos. Llevo una enorme tristeza en mi interior; la última vez que los vi fue hace 25 años.

Después de su desaparición, mis padres y yo seguimos cultivando nuestras tierras, yendo a la iglesia los domingos y tratando de sobrellevar la pérdida de mis hermanos.

Un domingo por la mañana, como era la costumbre, mis padres y yo fuimos a la iglesia y después jugué soccer con los otros chicos de la aldea. El domingo es el único día en que no llevábamos nuestras botas de campo ni machetes, todos traíamos puesta ropa simple, como pantalones de mezclilla y zapatos deportivos. Era 1994, yo acababa de cumplir 16 años.

Al llegar a casa les ayudé a mis padres a preparar el almuerzo. Ese día cocinamos yuca para acompañar el asado de carne, un plato muy tradicional en Colombia que lleva carne bañada en salsa.

A las 10 de la mañana aproximadamente, mientras estábamos preparando la comida, grupos paramilitares, sin aviso alguno, entraron en mi casa mostrando sus armas y nos forzaron a salir de la casa. Nos ordenaron que inmediatamente fuéramos al campo de soccer de la escuela. Mis padres y yo nos mantuvimos en silencio y obedecimos ya que sabíamos que, si hacíamos lo contario, nos matarían en ese mismo instante. Aprendimos a obedecer pasara lo que pasara. A todos en nuestra aldea y en la aldea vecina les sucedió lo mismo, se nos ordenó ir al campo de soccer de la escuela. El ejército estaba esperando afuera de la aldea verificando que los paramilitares llevaran a cabo su trabajo correctamente.

Había cerca de 50 personas de mi aldea y de la aldea vecina, éramos un total de entre 85 y 100 personas en el campo de soccer, contando paramilitares y habitantes. Los paramilitares llevaban puesto su uniforme del ejército con el emblema blanco y negro y llevaban sus armas en las manos. Se nos ordenó mantenernos en el centro del campo. Los soldados estaban mezclados entre nosotros.

A todos se nos veía el miedo reflejado en los ojos, nadie sabía qué iba a suceder. Yo estaba de pie al lado de mis padres, estábamos en la parte trasera del grupo. Los soldados seleccionaron al azar a tres personas y les ordenaron pasar al frente. La primera persona era un muchacho mudo, la segunda un hombre de mi aldea llamado Pedro, tenía 59 años, y la tercera persona era un hombre de la aldea vecina que estaba de paso.

Les ataron los brazos y los pusieron en el centro del grupo para que todos los pudiésemos ver. El soldado que tenía la piel más oscura estaba al frente. Claramente era el paramilitar de más bajo rango. Lo vimos inyectarse una droga, posiblemente heroína, esto era necesario para poder hacer lo que estaba a punto de llevar a cabo. Muchos soldados se volvían drogadictos, ésta era la única manera de hacer el trabajo que se les ordenaba efectuar.

Una vez que se inyectó la droga, comenzó a gritarle al muchacho mudo, ordenándole que respondiese a sus preguntas. El pobre chico no podía responder porque era mudo. Nadie lo defendió porque sabíamos que si hablábamos nos matarían en ese mismo momento.
Al mismo tiempo en que el soldado lo cuestionaba, tomó una motosierra y la encendió. Todos sentimos un terror indescriptible. Nunca podré olvidar la mirada de ese chico. Con la sierra, el soldado cortó el pie derecho del muchacho. La mirada del chico estaba llena de terror y dolor, pero no podía emitir sonido alguno.

Muchas de las personas en el grupo comenzaron a gritar, unos se desmayaron al instante. El soldado dejó de gritar y siguió cortando las extremidades derechas del muchacho hasta llegar a la cabeza. Utilizaban este mismo método cuando llevaban a cabo mutilaciones. A estas personas les entrenan para matar utilizando esta misma secuencia.

Cuando terminaron de cortar el cuerpo del muchacho, comencé a vomitar. No quería ver esa horrible escena de mutilación. Al igual que todos, quería detener lo que estaba ocurriendo, pero todos nos sentíamos impotentes además de que ellos eran más que nosotros.

Cuando comenzaron a mutilar a nuestro amigo Pedro, también comenzaron por el lado derecho. Sus gritos intensos y penetrantes eran como dolorosas punzadas en nuestros cuerpos, mi madre se desmayó de la impresión. Mi padre y yo pudimos tomarla en brazos antes de que cayera al suelo, aprovechamos ese momento para

—

apartar la mirada de esa escena terrorífica que estábamos forzados a presenciar. Todos comenzaron a gritar y a llorar, muchos se desmayaron.

Otras personas se tapaban los ojos con las manos para evitar ver la aterradora escena, pero los soldados les apartaban las manos de la cara con movimientos bruscos para forzarlos a ver. Cuando acabaron con la vida del tercer hombre, yo estaba en un estado de shock, lleno de un sentimiento de incredulidad y confusión. Después de matarlo, nos dieron tres minutos para abandonar el área y desaparecer en la selva. Todos estábamos traumatizados, aterrorizados y con un sentimiento de conmoción y pesar que difícilmente se puede expresar con palabras.

Esta fue la primera vez que vi algo así suceder en nuestra aldea, sin embargo, mis padres ya habían sido testigos de atrocidades similares en nuestra antigua aldea. Lo más difícil de todo, además de los efectos psicológicos y las pesadillas, era saber que no podíamos hacer nada y sentirnos impotentes ante la situación. Los habitantes de las aldeas son personas tranquilas que no se involucran en problemas. Cazan para obtener alimento utilizando sus machetes y sólo unos cuantos han utilizado alguna vez un arma de fuego para cazar. Son personas que jamás usarían un arma para atacar a otra persona. Todavía no puedo creer que esos soldados hayan matado a tres inocentes aldeanos con tanta facilidad. Pienso que todos somos seres que viven su vida juntos en esta tierra, y vivir lo que hemos vivido no deja de causar una sensación de horror dentro de mí.

Todos corrimos hacia la selva inmediatamente y por la noche mis padres y yo volvimos a casa a recoger algunas cosas para poder sobrevivir en la selva. No podíamos dejar de llorar. Pasamos el tiempo rezando, sentíamos que esa era nuestra única salvación.

Dos días más tarde, cuando regresé a la aldea, vi que los tres cuerpos seguían allí. Sentí la necesidad de hacer algo al respecto, así que reuní a otras tres personas de nuestra aldea y juntos fuimos a la iglesia de la aldea vecina para hablar con uno de los sacerdotes católicos que habitaban ahí. Queríamos contarle lo que había sucedido para que al menos alguien tuviera conocimiento de lo ocurrido. El cura vino a nuestra aldea y le pedimos que informara del incidente y que presentara una queja. Nos explicó que, cuando se presenta una queja, nadie sabe realmente qué pasa con estos reclamos. Nos dijo que lo haría por nosotros. Un par de días más tarde vinieron miembros de la defensa civil a retirar los cuerpos.

Cuando un miembro de la iglesia recoge los cuerpos, se lleva a cabo un funeral y los cuerpos se sepultan. En el pasado, cuando sucedía este tipo de incidentes, los sacerdotes trataban de proporcionar ayuda espiritual y psicológica a los habitantes. Ahora esto sucede raramente debido al peligro que se corre al ayudar a las personas. Si una aldea recibe ayuda, las aldeas vecinas quieren saber qué sucedió y comienzan a hacer preguntas. Resulta obvio que los grupos militares quieren evitar esto a toda costa, no desean que se sepa qué grupo es responsable ni las razones de lo sucedido; esto lo dejan muy claro mediante sus temidas tácticas. Si los grupos de guerrilla saben que hay testigos de sus matanzas, interrogan a las personas hasta enterarse de quién es la persona responsable y poder así tomar represalias. Es extremadamente peligroso ayudar a otros o proporcionar información. Es un círculo aterrador de donde parece imposible poder salir, y los habitantes de los pueblos y aldeas siempre resultan atrapados en el centro.

Seguía pidiéndole a Dios que me ayudara a aceptar lo que había sucedido para poder sobrellevar los daños psicológicos que todo esto estaba causando en mí. A pesar de mis oraciones, desarrollé un profundo sentimiento de rabia y odio, un sentimiento que me carcomía por dentro. Me sentí desvalido pero sabía que tenía que ayudarme a mí mismo a seguir adelante y a eliminar estos sentimientos que me quemaban desde lo más profundo de mi ser. Mis rezos y mi fe en Dios me brindaron la ayuda psicológica que necesitaba.

Después de aquel incidente, nos escondimos en la selva durante un mes y después decidimos partir hacia una aldea que llamábamos Barranca y quedarnos allí durante 15 días. Después de esas dos semanas volvimos a nuestra aldea para ver si había soldados y, ya que vimos que habían partido, decidimos quedarnos y seguir trabajando nuestras tierras.

Los paramilitares comenzaron a entrar y salir de la aldea durante los siguientes 10 meses para ver qué ocurría entre la población de nuestra aldea. Nada sucedió, hasta 1995, menos de un año después, recuerdo que yo todavía tenía 16 años.

Era medio día y mis padres y yo estábamos en el comedor de la casa. Los paramilitares irrumpieron en nuestro hogar y uno de ellos llamó a su jefe, un hombre llamado Roqui. Este hombre me ordenó salir de la casa. Mis padres se alteraron y trataron de evitar que me llevaran así que los llevaron a la habitación continua y les ordenaron mantenerse quietos y en silencio.

Los soldados me acusaron de haber ayudado a uno de los grupos de guerrilla. Nuestra familia era parte de un grupo de la iglesia y debido a que ayudábamos a las personas proporcionándoles comida, nos estaban acusando de darles alimento a los grupos de guerrilla. Esto era totalmente falso. Utilizaban este tipo de tácticas para asustar a las personas y forzarlas a decir cosas que no eran verdad. De esta forma, si se nos acusaba de estar en contra del gobierno y de los capos del narcotráfico, tenían el pretexto perfecto para adueñarse de nuestras tierras y utilizarlas para la plantación de droga. Ese día los paramilitares fueron a todas las casas al mismo tiempo. Seleccionaban al azar a un miembro de cada familia y le torturaban, era la misma tortura para todos los seleccionados. Un hombre llamado Carlos, un capo muy conocido en Colombia, era el responsable de estos ataques. A las personas se les daba dos opciones, ya sea quedarse y trabajar la tierra o partir. Los grupos paramilitares reciben dinero de Carlos para hacer el trabajo sucio y así adueñarse de las tierras. Estos capos millonarios tienen tanto poder en Colombia que el gobierno prefiere cerrar los ojos ante la situación.

Roqui me ató las manos atrás de la espalda y me tiró al suelo. Había alrededor de cinco paramilitares y todos comenzaron a golpearme con sus macanas. Me golpearon en la nuca con la culata de un arma varias veces. Uno de los golpes que me dieron con una macana, fue tan fuerte que perdí el movimiento y la sensación alrededor de mis oídos y en la cabeza.

Uno de los soldados comenzó a insertar espinas de árbol bajo las uñas de mis pies. Esta es una táctica común ya que el dolor es tal que la persona termina por hablar. Pero yo no tenía nada que decir, no había hecho nada.

Los cinco soldados me torturaron al mismo tiempo. Me introdujeron agua salada en la nariz y oídos y pusieron una tela sobre mi boca lo cual me forzaba a tragar todo lo que introdujesen en mi boca. Continuaron haciéndome esto hasta que me desmayé.

Continuaron golpeándome hasta que mi cuerpo se encontraba cubierto de moretones y heridas, y hasta que las espinas, que me habían enterrado bajo las uñas de los pies, desgarraban mi carne. El dolor era insoportable y el color de mi piel se volvió negro. Me arrastraron hacia el interior de la selva y allí me abandonaron, seguro pensaron que moriría enseguida. No podía mover ninguna parte del cuerpo. A medida que anocheció, los mosquitos y otros insectos pequeños comenzaron a alimentarse en mis heridas. La noche es muy fresca en la selva, mientras que durante el día uno puede sentir un calor muy fuerte. Si llueve, las noches se vuelven aún más frías.
A la mañana siguiente sentí que tenía fiebre y a ratos estaba consciente y a ratos no. Las mordeduras de insectos aumentaban. Me encontraba allí, en medio de la selva, tendido sobre la tierra, me sentía totalmente indefenso. Todo lo que tenía para sostenerme era mi fe en Dios y a esa fe me aferré en todo momento. Mis heridas se infectaron muy rápidamente y sentía que la parálisis avanzaba por todo mi cuerpo. Es un milagro que haya sobrevivido.

Mi padre me encontró al tercer día, me estuvo buscando junto con otros hombres de nuestra aldea. Fue la fe de mi padre y su instinto los que lo convencieron de que yo seguía con vida. Sentía un dolor atroz pero el sentimiento que me inundó al ver a mi padre fue una alegría inmensa, sentí un amor extremadamente profundo por él, algo que nunca antes había sentido. Fue un milagro el que me hubiesen encontrado. Mi padre lloró lagrimas de alegría y de dolor cuando encontró a su pequeño hijo con vida.

Inmediatamente fabricaron una camilla utilizando enredaderas y plantas, me cargaron durante un día y medio; caminaron a través de la selva para llegar al hospital más cercano. Estuve en el hospital durante un día pero no contaban con los recursos necesarios para atenderme. No podíamos abandonar el hospital utilizando transporte regular porque los paramilitares estaban revisando los documentos de identidad.

Mi padre y los hombres que lo estaban ayudando tuvieron que cargarme en la camilla de nuevo; cruzamos la selva y tuvimos que rodear una montaña para poder llegar a un hospital más grande. Fue muy difícil para ellos llevarme en la camilla todo el trayecto ya que era un terreno muy irregular y accidentado. Los cuatro hombres que acompañaban a mi padre fueron realmente unos heroicos ángeles, arriesgaron su vida para ayudar a un padre y a su hijo. Fue un hermoso acto de amor y de solidaridad por parte de los habitantes de la aldea, así son estas personas.

Cuando llegamos al hospital, nos dimos cuenta de que la Cruz Roja estaba presente, este organismo se hizo cargo de brindarme ayuda y de pagar todos los gastos necesarios en el hospital así como de los medicamentos que se requerían. Mi oído izquierdo estaba tan infectado que la gangrena ya había comenzado a causar estragos. Hoy en día, no escucho por el oído izquierdo y mi oído derecho funciona sólo al 60% y se está deteriorando con el paso del tiempo.
Había un sacerdote en el hospital que era activista por los derechos humanos y que formuló una queja por escrito acerca de mi caso enviándola a la Comisión de los Derechos Humanos de la ONU así como a la Alta Comisión de Colombia. Cuando este sacerdote presentó la queja, se le informó que mi vida correría peligro por el solo hecho de quejarme y que tendría que abandonar no sólo mi aldea sino también el departamento en donde vivía para evitar que me encontrasen y matasen.

Pasé 15 días en el hospital. Cuando volví a la aldea, nos tuvimos que marchar de inmediato. El sacerdote nos ayudó a mis padres y a mí a abandonar la aldea escondidos en un coche.

Este sacerdote no sólo organizó nuestra huida, sino que además, nos dio dinero para pagar el transporte que habríamos de utilizar. Había ahorrado un poco de dinero en su iglesia para ayudar a personas que tenían que huir. Tomamos un autobús que nos llevaría muy lejos de nuestra aldea. Nos acompañaba una enfermera suiza quien estuvo en todo momento a mi lado ayudándome con todo lo referente a mi salud. El viaje duró 52 horas, lo que equivalía a tres días de viaje con varias paradas en el camino. Había sitios secretos de ayuda humanitaria en donde nos proporcionaron alimentos. Recuerdo muy bien a una de las enfermeras alemanas que me ayudó en una de las paradas del autobús, se llamaba Nicole. Afortunadamente existen organizaciones que han sido establecidas para ayudar a que personas en peligro extremo logren cruzar fronteras y así escapar del peligro. Estas personas son seres humanos increíblemente valientes, es maravilloso todo lo que hacen por ayudar a sus semejantes.

El viaje fue muy difícil para mí, tanto física como emocionalmente. Sufría dolores constantes, pero el miedo y la preocupación acerca de lo que nos estaba sucediendo a mi familia y a mí, así como la incertidumbre sobre nuestro futuro, era lo que llenaba mi mente, no dejaba de pensar en todo lo que nos estaba sucediendo.

Finalmente llegamos al sur de Colombia y nos establecimos en una región totalmente nueva para nosotros. Era mucho más tranquila y ahí la gente no vivía en peligro de muerte, como era el caso en nuestra antigua aldea. Durante mi recuperación, a mis padres les dieron un pequeño terreno para que lo cultivasen. Me tomó mucho tiempo recuperarme por completo, pero una vez que recobré la salud y pude comenzar a moverme, empecé a ayudar a mi padre a trabajar la tierra.

Unos cuantos años más tarde, en 1998, cuando ya mi salud era mucho mejor, conocí a una chica de la región y nos casamos. Después de la boda nos quedamos a vivir en casa de mis padres.
Un año después de habernos casado, el sacerdote que nos había ayudado me envió un mensaje diciéndome que nuestra situación se iba a volver difícil. Él había preparado un documento especial para que lo utilizáramos más adelante, pero debíamos partir inmediatamente.

A mediados de 1999 partimos hacia Ecuador. Le di el documento a las autoridades en Quito, Ecuador para así poder reunirnos con el Alto Comisariado de las Naciones Unidas para los Refugiados (UNHCR, por sus siglas en inglés). Con esos papeles, se nos otorgó la condición de refugiados y se nos permitió quedarnos en Ecuador como refugiados.

Es muy difícil ser refugiado porque las personas nos tratan como marginados sociales. Nadie quiere que tengamos los mismos derechos simplemente por que no somos originarios de su país.

Alquilamos una pequeña casa en Ecuador. No existían campos de refugiados, así que vivíamos en una casa normal. Mi esposa quedó encinta al poco tiempo de habernos establecido en Ecuador, nuestro primer hijo nació en el año 2000. Fue una enorme dicha tener un bebé entre nosotros, un nuevo ser que representaba el comienzo de una nueva vida para nosotros y un apoyo para poder sobrellevar el dolor que el pasado nos causaba. Como refugiados, no fue fácil criar a nuestro hijo pero, definitivamente era mucho más seguro estar ahí que en las aldeas en donde habíamos vivido en Colombia. Dos meses después del nacimiento de nuestro hijo, mi padre enfermó y murió. Estuve a su lado cuando falleció, fue un momento sumamente difícil para mí. A mi madre le afectó mucho la muerte de mi padre; esta pérdida se añadió a todo el sufrimiento que ella cargaba a causa de todo lo que le había sucedido en su vida.
En Ecuador conocimos a otros colombianos y comenzamos a socializar con ellos ya que estábamos en condiciones similares y tratábamos de brindarnos apoyo unos a otros. Después de algún tiempo tuvimos a nuestro segundo hijo, también en Ecuador; fue una bendición para nuestra familia.

Mi madre decidió volver a Colombia en 2011. Yo no podía hacer lo mismo ya que era muy peligroso para mí. Ella se estaba haciendo mayor y decía que quería morir en su país. Todo el sufrimiento que había vivido en su vida, el tener que huir, viajar tanto y todo el dolor que cargaba en su corazón, afectaron gravemente su estado mental. Trato de comprender lo difícil que fue para ella emocionalmente haber padecido tanto. El haber sufrido la pérdida de sus seres queridos a través de los años definitivamente fue una pena muy difícil de llevar.

En enero de 2012 recibí una llamada del sacerdote informándome que mi madre había muerto por causa natural. Yo sabía que era su momento de partir. Mi madre cargaba un inmenso dolor en su pobre corazón.

Después de su muerte, seguí presentando quejas acerca de lo que nos había sucedido a mi familia y a mí. Esto nos provocó constantes problemas y vivíamos con un sensación de inseguridad permanente. El sacerdote me contactó de nuevo y me dijo que, si yo seguía presentando quejas, el gobierno colombiano enviaría soldados a Ecuador para matarme. Llevé la carta que me envió el sacerdote a la ONU y ellos formularon dos solicitudes para sacarnos del país, una a Suiza y la otra a Canadá. Canadá procesó nuestra solicitud más rápidamente y a los pocos meses tomábamos un vuelo de Air Canada hacía nuestro nuevo país.

Durante el vuelo me encontraba con lo sentimientos a flor de piel, nunca pensé que podríamos salir de Ecuador. Me sentía tan feliz de partir hacia un país en donde mi familia estaría a salvo. Sabía de antemano que no todo sería perfecto y que habría muchos retos que enfrentar ya que seguiríamos siendo refugiados, pero a pesar de esto, nos sentíamos muy felices.

La tranquilidad en Canadá y la sensación de tener la libertad de ir a donde uno quiera, fue una de las mayores bendiciones que pudimos recibir. Actualmente, estoy estudiando el segundo año de francés, lo hago para poder comunicarme mejor. Es muy difícil para un hombre de 37 años no tener educación alguna. Tengo discapacidades y limitaciones en cuanto al sentido del oído debido a las torturas a las que fui sometido, también tengo problemas con la mano derecha ya que carezco del sentido del tacto; sin embargo, estamos seguros y a salvo y eso es causa suficiente para estar agradecidos.

Cuando veo mi vida en retrospectiva, pienso en todo lo que padecí y trato de mantener la calma para que mi fe me ayude a controlar la ira, el dolor y la pena emocional que sufro. Echo mucho de menos a mis padres y pienso mucho en mi hermano Bernardo y en mi hermana Alyssa.

Sería una gran bendición tener un hogar como el que teníamos en Colombia antes de que nos lo arrebataran. No tenemos automóvil por ahora, lo cual hace que el transporte en invierno sea muy difícil, especialmente cuando se tiene niños pequeños ya que es muy difícil caminar con ellos, sobretodo cuando está nevando.

Desde nuestra llegada a Canadá, he continuado presentado quejas de manera que se trate como un caso. Trato de abrirme paso entre la corrupción que existe en mi país. Sé que es muy peligroso para mí contar mi historia pero alguien debe hacerlo, alguien debe ser lo suficientemente valiente como para decirle al mundo lo que pasa en las aldeas y pueblos de Colombia; alguien debe contarle al mundo lo que les sucede a estas personas inocentes que quedan atrapadas en un círculo de inseguridad sin un lugar a donde escapar. Estas personas, son seres humanos hermosos y amables, que viven en paz y brindando su cariño y compasión a sus semejantes; personas como los hombres que me cargaron en una camilla durante días sin quejarse ni una sola vez.

Quisiera finalizar mi historia agradeciendo enormemente al sacerdote que nos ayudó a escapar hacia un lugar seguro. Quiero agradecerle su apoyo y su increíble labor. Estos sacerdotes y religiosos son parte de la Comunidad Cristiana de Justicia y Paz. Es una organización sin fines de lucro que lleva a cabo un trabajo maravilloso con la finalidad de ayudar a las personas necesitadas. Estas personas ponen sus vidas en riesgo con el solo fin de ayudar al prójimo y enviar un mensaje de amor por nuestros semejantes. Viven con integridad y están totalmente en contra de la corrupción y la explotación de las personas. Son almas valientes, ángeles terrenales enviados aquí para brindarnos la esperanza y la certidumbre de que la fe en Dios y el amor por la humanidad es la base para sanar a nuestro tan herido país.

Capítulo IV

Historia de una refugiada de Kosovo

Mis padres me pusieron un nombre tradicional cuando nací, pero ahora prefiero que me llamen Ariana. Nací en el sur de Kosovo en junio de 1988 en un hospital en Ferizaj, que se encuentra a unos 25 kilómetros de Kačanik, el pueblo en donde vivíamos. Kosovo es un país en el suroeste de Europa, no tiene costas y limita con Montenegro, Serbia, Macedonia y Albania. Kosovo era la región más pobre de la antigua República Federal Socialista de Yugoslavia, la cual desapareció en 1991 a causa del triunfo del nacionalismo.

Éramos seis en mi familia: mis padres, una hermana dos años mayor que yo y dos hermanos menores, uno nacido en 1992 y el otro en 1995. Éramos una familia muy unida, todos los hermanos nos llevábamos muy bien. Mi hermana y yo protegíamos mucho a mis hermanos, siempre los cuidábamos y estábamos el pendiente de ellos. Pienso que en esto nos parecíamos mucho a mi madre, quien siempre fue muy protectora con todos nosotros cuando éramos pequeños. Mi madre era la estricta en casa, no mi padre. Cuando queríamos quedarnos despiertos hasta tarde, corríamos a mi padre para pedírselo, no a mi madre. Él es un hombre genial, siempre nos hacía caso y terminaba negociando con mi madre para que nos permitiese quedarnos despiertos más tiempo. Ahora que soy una persona adulta, puedo comprender mejor por qué mi madre era tan estricta con nosotros. Ella siempre nos enseñó que se debía respetar a los mayores, jamás herir a otra persona y nunca robar. Siempre he tenido una buena relación con mis padres.

Mi familia vivía en una casa de cuatro dormitorios. Era una casa grande y sólida, fabricada en concreto. Afortunadamente mis padres siempre nos ofrecieron todo lo necesario, nunca nos faltó nada. Éramos una familia de clase media, siempre teníamos botas de invierno y todo lo que se requería para vivir cómodamente. Todos comenzamos a ir a la escuela a la edad de cinco años. Un tío nuestro y su familia vivían al lado de casa, mis abuelos vivían con otro de nuestros tíos. En ese tiempo no existían casas de retiro para gente mayor, así que era mucho más sencillo que mis abuelos viviesen en casa de mi tío. Todos pasábamos mucho tiempo juntos. Hoy en día, mi abuela tiene 87 años y su salud es buena, mi abuelo murió hace cuatro años.

En 1992, cuando yo tenía alrededor de cinco años, comenzó la guerra en el norte de Kosovo, este conflicto surgió entre Serbia y Bosnia. Esto no afectó nuestro pueblo pero sabíamos que estaban matando a muchas personas en esas regiones. Era una guerra de independencia ya que Bosnia deseaba independizarse y separarse de Serbia.

En el año 1998 comenzó otra guerra de independencia, esta vez entre Kosovo y Serbia. Esta era una guerra económica ya que Serbia quería conservar Kosovo, el cual, anteriormente, era parte autónoma de Serbia, pero Kosovo deseaba ser independiente.

Las cosas se pusieron realmente mal cuando yo estaba en quinto año de primaria. En la televisión constantemente hablaban de lo que estaba ocurriendo y al poco tiempo anunciaron que las escuelas se cerrarían como medida de protección para los estudiantes. Pasamos todos los días en casa ya que no era seguro salir a la calle. Cuando alguien salía de casa en coche, miembros del ejército serbio los detenía y los interrogaba preguntándoles a dónde se dirigían y las razones que tenían para salir. Si no les agradaba la respuesta, los mataban. Muchas personas protestaban en las calles contra los serbios y contra el hecho de que estaban tratando de tomar el poder sobre el país. Tan pronto como las protestas comenzaron, el ejército empezó a utilizar la fuerza para detenerlas. Si los manifestantes se resistían, el ejército simplemente comenzaba a dispararles. Mucha gente murió de esta manera.

Mis padres nos explicaron lo que estaba ocurriendo y trataron de animarnos para que estuviésemos tranquilos y que no tuviéramos miedo de lo que escuchábamos en las noticias. Cuando escuchábamos aviones volando bajo o disparos cerca de nuestra casa, mis padres trataban de encubrir la verdad y nos decían que no era nada y que todo iba a pasar muy pronto.

El ejército de los Estados Unidos y el del Reino Unido intervinieron para ayudarnos a contraatacar al ejército serbio. Trataron de negociar hasta cierto punto y advirtieron al gobierno serbio que, si no ordenaba a sus tropas abandonar el país, comenzarían a dispararles. Por medio de las noticias, todos nos enteramos de la situación y de que el tiroteo estaba por comenzar. El ejército serbio permaneció en posición y el ataque comenzó con una fuerza de gran magnitud.

Recuerdo muy bien ese día. Yo tenía 10 años, era de noche y toda la familia estaba en el salón de nuestra casa; estaban ahí mis tíos, primos y mis abuelos. Todos estábamos viendo la televisión para enterarnos de lo que estaba ocurriendo y esperando el momento en que el ejército de Estados Unidos y del Reino Unido comenzaran a disparar.

Los disparos comenzaron tal y como se había programado, era un sonido tan fuerte que todos los niños comenzaron a gritar. Recuerdo muy bien la cara de mi hermano, lloraba con inmenso terror. Mi abuelo habló con mis padres y mis tíos, se decidió organizar un plan para nosotros. Sabíamos que los ejércitos extranjeros estaban ahí para ayudar al país en la guerra de independencia, pero la gente de Kosovo seguía dentro de sus casas mientras que el ejército serbio se encontraba en las calles. Eran momentos de peligro extremo.

Nuestra familia, nuestros vecinos y todos nuestros conocidos se reunieron, había un total de 35 niños. Atrás de nuestra casa había una reja, así que todos la cruzamos y caminamos unos cinco minutos a lo largo del río hasta que llegamos al bosque. Pensaron que si salíamos de nuestras casas y nos refugiábamos en el bosque, la oportunidad de sobrevivir los tiroteos sería mayor.

Hacía frío y pasamos toda la noche en el bosque. Todos estábamos sentados en trozos de madera y recuerdo que mi madre traía consigo una bolsa en donde llevaba agua, algo de pan y galletas. La hija de nuestro vecino pensó que estábamos jugando a las escondidas y decía "ya te vi", así que mi abuela la sentó en sus rodillas, le puso su mano sobre los labios y le dijo "shhh", para que la niña estuviera en silencio.

Mi hermana mayor y yo nos recargamos en el hombro de mi madre para tratar de dormir un poco. Mi padre cuidaba a mis hermanos y a mi primo y todos mis tíos y mis abuelos compartían la responsabilidad de cuidar a todos los demás niños. No queríamos llamar la atención así que era de vital importancia permanecer en silencio total.

Para las cinco de la mañana, todos teníamos mucho frío, así que mi abuela sugirió volver todos a casa para tomar más alimentos y lavarnos un poco. Fue una excelente idea. Cuando volvimos a casa, mi abuela cocinó para todos en la estufa que había afuera de la casa. Preparó cosas simples como arroz y pan. Mi madre nos cambió la ropa a todos y bañó a mi hermano pequeño. Esa noche dormimos en nuestras camas y descansamos como se debe.

Escuchamos en las noticias que se había detenido el servicio de todos los trenes, pero a las ocho de la mañana del día siguiente, mi madre vio un tren yendo hacia el sur. Ese día a mediodía, mi madre le dijo a mi padre que tal vez deberíamos tomar el tren para salir de ahí. Mi abuela no estuvo de acuerdo porque no sabría en dónde estaríamos, pero mi madre le explicó que sería más seguro para todos separarnos y no quedarnos juntos.

Mis seis tíos por parte de mi padre decidieron quedarse con mis abuelos. Mis padres nos llevaron a mis hermanos, dos de los hijos de mis vecinos y a mí. Tomamos un tren que nos llevó a Macedonia. El tren estaba tan lleno que todo el mundo viajaba de pie. Recuerdo que mi vecino le cedió su lugar a una mujer embarazada, fue un gesto muy bonito de su parte. Después de viajar durante una hora, al mirar por la ventana, vi un humo denso que salía de las casas. El tren había cruzado un puerto de montaña y al salir de él apareció un pueblo. Toda la ciudad estaba en llamas y el humo salía de todas las casas. Le pregunté a mis padres por qué estaban quemando las casas y, a pesar de que trataron de explicarnos lo que sucedía, no lograba comprender la razón.

Cuando llegamos a Macedonia, muchos albanos estaba viviendo ahí. Conocimos a un hombre albano que nos llevó a su casa. Este hombre tenía alrededor de 50 años, era alto, delgado y tenía un bigote bastante largo. Estaba con su hermano y cada uno se llevó a una familia. Este señor tenía un coche todoterreno, así que nos amontonamos en el automóvil y, al cabo de un rato, llegamos a una gran casa con un enorme balcón al frente. Su esposa nos esperaba en el frente, nos abrazó y nos preguntó si teníamos hambre.

Entramos a la casa, nos mostraron las habitaciones y nos llevaron a los dormitorios en donde dormiríamos y nos bañaríamos y después nos ofrecieron algo de beber. A mi madre le dieron la llave de la casa. Recuerdo que la primera noche, mientras bebía té y comía una enorme galleta, me sentí segura y feliz. Mi hermano pequeño se quedó en el dormitorio de mis padres. Mi otro hermano se hizo amigo de los hijos de los dueños de la casa, jugaban juntos y terminaron durmiendo en el mismo dormitorio. Mi hermana y yo compartimos el dormitorio de sus dos hijas.

Mi madre nos hizo ir a la escuela local, le rogamos que nos dejara quedarnos en casa; no queríamos ir porque no conocíamos a nadie. Fue una experiencia realmente extraña, muy diferente a lo que estábamos acostumbrados. Logramos comprender todo en la escuela porque hablábamos albano y todos hablaban albano y macedonio. Tres semanas después ya habíamos hecho nuevos amigos y nos comenzamos a sentir mucho mejor.

Mi padre se enteró de que muchos países en Europa estaban aceptando como refugiados a personas afectadas por la guerra. Sabía que, si nos marchábamos a uno de esos países, sería sólo una solución temporal y que posiblemente en el futuro, nos pedirían que abandonásemos ese país. Mi padre se dirigió a una de las oficinas en el pueblo para obtener más información acerca de esta posibilidad. No quería causar más molestias a la familia que nos recibió, ya llevábamos tres semanas con ellos y mi padre pensó que era momento de partir. Mi padre le pidió al hombre que nos acogió en su hogar, que nos llevara al campo de refugiados local. Nos llevó hasta el campo; nos despedimos de ellos y nunca más los volvimos a ver.
Había una gran cerca alrededor de un enorme terreno, en el centro había una tienda de campaña blanca y muy grande. Había muchas tiendas de campaña como ésta en el suelo. Era un campo muy grande y había una persona que tomaba los nombres y otra información de las personas antes de que entraran al campo. Una vez que limpiaban una tienda de campaña, llevaban a las personas para que se instalaran. Nos dieron mantas, comida y agua, también nos dijeron que tendríamos que compartir los baños. Había duchas separadas para hombres y para mujeres; había que hacer fila un buen rato para tomar una ducha. Mi madre nos llevó a dar una vuelta por el campo, había muchas personas y tratamos de buscar gente de nuestra ciudad.

Así estuvimos durante una semana. Al final de la semana estábamos todos llorando y deseando volver a dormir en casa. Ahora puedo comprender lo difícil que fue para mis padres haber pasado por todo esto, especialmente para mi madre. Todos éramos pequeños, de hecho mi madre tenía todavía que darle la leche a mi hermano menor. Mi padre frecuentemente iba a leer los avisos que ponían en una gran pizarra que había en el campo, ahí colocaban muchos papeles, cada papel representaba un país diferente. Mi padre eligió Canadá y escribió su nombre en la lista. Dos días más tarde, estábamos en un avión rumbo a Ontario. Mi padre nos dijo que había elegido el país más lejano posible y que siempre había deseado ir de vacaciones a Canadá.

Era la primera vez que me subía a un avión, recuerdo que era un avión muy grande. Mi padre se sentó con mis dos hermanos y mi madre con mi hermana y conmigo. Mi madre lloró durante el vuelo, había dejado a toda su familia atrás con tal de lograr que sus hijos estuviesen seguros. Cuando estábamos volando, recuerdo haber visto por la ventana y decirle a mi madre, "Mira mamá, allí va otro avión, no estamos solos".

El vuelo duró ocho horas, tratamos de dormir durante el vuelo, pero despertábamos constantemente. Llegamos a Canadá en mayo de 1999, un mes antes de mi cumpleaños.

Aterrizamos en Kingston, Ontario y nos quedamos en el campo militar canadiense, ahí había tres grandes edificios. Por afuera parecía un hospital; nos dieron tres habitaciones. El lugar estaba lleno de familias.

Comimos en un edificio diferente, el cual parecía un centro de recepciones y el servicio de alimentos era estilo bufet.

A los niños les organizaban diferentes actividades. Todos trataban de alegrarnos y distraernos, y es que muchos de los niños lloraban todo el tiempo porque echaban de menos sus casas y sus familias. Un día organizaron un evento de aeronaves. Me encantó, me quedé ahí parada, pensando en cómo lograban volar todos al mismo tiempo. Otro día nos llevaron a un picnic en el puerto. Después de la cena, jugamos y organizaron actividades para nosotros. A veces tratábamos de jugar voleibol adentro, pero a nuestros padres no les gustaba y nos gritaban que jugásemos afuera.

Dos de mis tíos llegaron al campo dos semanas después, todos estábamos felices de estar reunidos. Mi tío en Suiza les dijo que estábamos en Macedonia, les informó que estábamos en el campo de refugiados y que estábamos esperando partir a Canadá. También mis tíos eligieron Canadá para poder estar todos juntos. Me sentí tan contenta de poder ver y jugar con mis ocho primos otra vez.

Después de pasar un mes en el campo militar, un día vimos nuestro apellido en un papel en donde decía que íbamos a partir a St. Jerome, Quebec. Nos llevaron en autobús a un hotel cerca del aeropuerto en Mirabel. Nos quedamos ahí durante dos días hasta que miembros del centro local Le Coffret nos llevaron al que sería nuestro apartamento. Recuerdo que nos llevaron en un autobús amarillo. Cuando llegamos al apartamento notamos que tenía sólo lo esencial. Estábamos muy emocionados y contentos de tener un nuevo hogar pero la verdad es que nos sentíamos tristes por todo lo que nos vimos forzados a dejar atrás.

A cada familia se le asignó una familia quebequense para mostrarle los alrededores y explicarle el funcionamiento de todo en el área. Ninguno de nosotros hablaba inglés o francés así que la comunicación fue muy difícil al principio. Cuando los miembros de esta familia nos hablaban, nosotros los veíamos con cara de no comprender absolutamente nada. Mis hermanos y yo volteábamos a ver a mi madre, pero ella tampoco entendía nada de lo que decían.
Después de tres meses, mi madre preguntó si podríamos mudarnos porque pasábamos el tiempo hablando albano ya que ahí mucha gente hablaba este idioma, y ella quería que viviéramos en un área de St. Jerome distinta, un lugar en donde hablásemos francés con personas francófonas y así poder aprender el idioma más rápidamente. Seguimos asistiendo a la escuela local. Fue un cambio muy fuerte ya que a la escuela no se llevaba uniformes escolares y no teníamos mucha ropa.

Todos íbamos al colegio, excepto mi hermano pequeño. Había una señora que nos llevaba a la escuela, era nuestra profesora de idiomas y trataba de enseñarnos el alfabeto en francés así como el idioma en general. Como estábamos todos juntos y en la clase había otros niños albanos, nos la pasábamos riéndonos todo el tiempo, lo cual la hacía enojar. La profesora decidió separarnos, y esto resultó ser una muy buena idea. En esta escuela recomencé el quinto año de primaria.

Una semana más tarde, nos encontraron otro apartamento tal y como mi madre había solicitado, así que nos mudamos y cambiamos de escuela otra vez. Me gustó más la nueva escuela, era más bonita y muy rápidamente hice amistad con los niños del pueblo que eran de mi edad. Estos niños se convirtieron en nuestros nuevos amigos, nos sentimos muy felices.

Estoy tan contenta de haber venido a Canadá. Hemos vivido en este país durante quince años. Afortunadamente he podido ahorrar dinero para visitar Kosovo casi todos los años. Cuando la guerra terminó, mis padres decidieron conservar la casa familiar y no venderla o alquilarla. Cuando visito Kosovo, me quedo en nuestra casa unos días y el resto del tiempo lo paso en casa de mis tíos visitando a toda la familia. Ahora que somos mayores, mis padres también viajan a Kosovo para visitar a la familia. Una tía mía se encarga de limpiar y dar mantenimiento a nuestra casa cuando no estamos ahí.

Me encanta vivir en Canadá. Todo me gusta mucho, menos el frío. Ya he terminado mis estudios y ahora quisiera asistir a la universidad. Tengo un buen empleo y mi hermana y yo compramos una casa juntas hace siete años, cuando yo tenía 17 años. Comencé a trabajar desde muy joven. Un día conocí a unas personas en el autobús, me comentaron que se dedicaban a recolectar fresas, así que decidí trabajar en eso. Era un trabajo muy duro pero valió la pena porque logré ganar mi propio dinero.

Tuvimos mucha suerte de haber salido de Kosovo justo en el momento en que lo hicimos porque mis padres nos dijeron que el ejército entraba a las casas y mataba a las personas que vivían ahí. Ninguno de nuestros familiares tuvo la desgracia de morir de esta manera ya que todos salieron de la ciudad a tiempo. Afortunadamente todos salimos en el momento preciso.

Viendo todo en perspectiva, siento que fue una guerra estúpida y sin sentido. El ejército serbio mató a muchísima gente inocente, incluso mujeres embarazadas y todo para tomar posesión de un país. La guerra ha terminado pero el pueblo serbio sigue resentido contra la gente de Kosovo por haber ganado la guerra de independencia y haber separado los dos países.

Capítulo V

Historia de un refugiado de Bután en Nepal

Mi nombre es Nandu, nací el 21 de junio de 1977 en el distrito Tsirang, en el sur de Bután. No tengo acta de nacimiento porque nací en la granja de mi familia. Esto era práctica común entre las personas de Bután ya que el hospital más cercano se encontraba demasiado lejos del pueblo. Mis padres tuvieron siete hijos, yo nací después de mis hermanos Narapati y Tika Ram y de mi hermana Padma.

Cuando tenía alrededor de 6 meses de edad, nos mudamos más al sur, a un pueblo llamado Sarpang. Mi padre deseaba estar cerca de la frontera con India para poder llevar a cabo más negocios en las zonas urbanas, algo que era difícil de lograr cuando uno vivía alejado en una zona rural.

Crecí en Sarpang y fue allí en donde mi madre dio a luz a Maya, mi hermana menor, y a mis dos hermanos pequeños Narayan y Som; la familia contaba con 7 pequeños.

Mis padres siempre estaban ocupados en los trabajos de la granja, plantaban arroz en los campos para luego venderlo junto con las verduras que cosechaban. Mis hermanos mayores ayudaban en la granja. El dinero que reunían gracias a la agricultura, se utilizaba para comprar alimentos y otros artículos de primera necesidad. Mi padre iba a la tienda del pueblo a comprar lo necesario mientras mi madre se quedaba en casa cuidándonos y cocinando para todos nosotros.

Cuando yo tenía 13 años, un amigo de mi padre le llamó por teléfono para hablarle acerca de una chica que pertenecía a una familia que vivía en un pueblo lejos del nuestro. Se trataba de que Narapati, mi hermano mayor, la conociese para así arreglar un matrimonio entre ellos. Mi padre y mi hermano partieron hacia este pueblo, el cual estaba a 500 kilómetros de donde vivíamos. Mi hermano pasó un tiempo con esta chica conociéndose mutuamente y se fijó una fecha para la boda. Todos los habitantes de nuestro pueblo, así como la familia de la novia, vinieron a nuestra casa para la celebración. Había más de 50 personas y todo el mundo participó y disfrutó de esta ocasión tan especial. Fue un día maravilloso en donde hubo diferentes tipos de comida, baile y celebración. Los recién casados se quedaron a vivir con nosotros en la casa familiar, ya que ésta era lo suficientemente grande y había bastante terreno como para cultivar la mayoría de nuestros alimentos. Poco tiempo después mi hermano y su esposa tuvieron su primer hijo.

Comencé la educación primaria cuando tenía 6 años. Me gustaba mucho la escuela y mis profesores, quienes eran de Kerala, un estado en el sur de la India. El gobierno de Bután los contrataba para enseñarnos ya que se consideraba que estos profesores contaban con buena educación.

Cuando estaba en sexto año de primaria y justo había terminado los exámenes de medio curso, comenzó la agresión por parte del ejército en el oeste de Bután. El rey había ordenado que toda persona viviendo en Bután, que no fuese de origen butanés, debía abandonar

—

el país. Además, a nadie se le permitió continuar hablando o recibiendo educación en nepalí.

Cuando todo esto comenzó, ni siquiera nos dimos cuenta de lo que estaba pasando. Estábamos estudiando una clase en nuestra lengua materna, nepalí, cuando llegaron unas personas y quemaron todos los libros que eran de Nepal. Después de esto, la situación cambió rápidamente en la escuela y ya no se nos permitió estudiar en nepalí. Después de tres o cuatro meses, los profesores nos dieron noticias angustiantes, nos informaron que no era seguro seguir asistiendo a la escuela. La escuela cerró y se nos dijo que debíamos ir a casa. Ese día, mis amigos y yo caminamos a nuestras casas lo más rápido posible, teníamos mucho miedo. Había muchos vehículos de la policía y del ejército en las calles; todos los policías y soldados portaban sus armas. Las personas que venían de una aldea cercana corrían desesperadas en un ataque de pánico. Vi a varias personas ser arrestadas y llevadas en la parte trasera de camiones. Mis amigos y yo estábamos aterrorizados. Nos dijeron que habían comenzado a matar a personas en otras partes del país. Mis padres estaban muy nerviosos esperándome en casa, cuando llegué nos abrazamos con alivio.

Ninguno de nosotros salió a la calle durante este violento periodo. Dos o tres meses más tarde vimos a miembros del ejército y de la policía entrar en la casa de un vecino nuestro. Nos quedamos en el interior de nuestra casa temiendo lo peor. Poco tiempo después, las autoridades entraron en nuestra casa y nos informaron que teníamos 15 días para marcharnos y que ese ya no era nuestro hogar. Con un tono duro y de manera directa nos dijeron: "Ya no pueden vivir aquí"…"Ustedes no tienen derecho a vivir en esta tierra".

Mis padres decidieron que necesitábamos marcharnos cuanto antes. Después nos enteramos de que algunas de las personas de nuestro pueblo decidieron quedarse. Por lo tanto, el ejército entró al pueblo y quemó todas las casas y arrestaron a todas estas personas.

Yo tenía 15 años cuando dejamos nuestro hogar así que puedo recordarlo todo. Éramos diez en total, ocho niños y mis padres. Cruzamos la frontera con India y llegamos a un pueblo llamado Assam. Nos quedamos en casa de unos familiares durante una semana. Nos tomó todo ese tiempo organizar el viaje en autobús a Nepal. Mi padre había traído algo de dinero con él y lo utilizó para comprar los boletos de autobús. Cuando llegamos a Nepal, no había nada organizado para recibir a todos los refugiados que fueron forzados a abandonar sus hogares, así que mi padre alquiló una casa en la aldea más cercana. A mi padre no se le permitió trabajar y para finales de 1991 el dinero que teníamos ya se había terminado. Nos enteramos de que había algunos campos de refugiados en la región, así que no tuvimos más opción que buscar albergue en uno de estos campos. Nos dirigimos a uno que se encontraba cerca del río. Este campo de refugiados se llamaba Maidhar.

Nuestra experiencia en el campo fue espantosa, fue algo sumamente terrible para todos nosotros. Nos dieron un pedazo de plástico y algo de madera para construir un refugio. No teníamos ropa, ni cobijas o mantas, a duras penas teníamos algo de comida. Este campo estaba ubicado cerca de la orilla de un río y, debido a que esta zona era muy seca, en los meses de verano el viento cargado de polvo azotaba el campo destruyendo todo a su paso.

Los fuertes vientos llenaban de partículas de polvo cada poro de la piel así como nuestras pocas pertenencias. Muchas personas enfermaron gravemente ya que rápidamente se propagó una enfermedad debido a una bacteria que causaba que las personas sangrasen al defecar. No existían suficientes instalaciones de ayuda médica para tratar esta enfermedad, por lo tanto, muchas personas murieron. Esta enfermedad se originó a causa de una bacteria en el agua.

No había baños y la gente hacía sus necesidades en cualquier lugar. A lo largo del río había un pequeño bosque en donde las personas orinaban y defecaban, todos los desechos iban a parar al agua. Había como mínimo 3,000 personas en esta área. No teníamos otra opción más que beber el agua que había disponible, esta agua venía del río en el que la gente nadaba y se lavaba. Estuvimos en este campo entre seis y ocho meses, fue una experiencia espantosa.

Todos los miembros de mi familia, en algún momento se vieron afectados por la bacteria, y al hacer sus necesidades encontraban sangre; pero debido a que teníamos un sistema inmunológico fuerte, logramos sobrevivir. La mayoría de las personas que murieron eran personas mayores y niños pequeños.

Cuando el viento tomaba fuerza y la lluvia caía, teníamos que tomar turnos para permanecer despiertos y sostener el plástico que cubría nuestro refugio. Raramente dormíamos y a la mañana siguiente había muchas personas muertas debajo de sus refugios a causa de las ínfimas condiciones en que vivíamos. En muchas ocasiones mis amigos y yo caminábamos por el campo de refugiados y contábamos los cadáveres que veíamos al pasar. Un día llegamos a contar más de 50 personas muertas. Esto era parte del día a día.

Para lograr obtener alimentos, teníamos que formar una fila cerca de un templo, el cual se había colocado cerca de la entrada del campo de refugiados. Los representantes de la ONU distribuían arroz, algo de verdura y lentejas. Teníamos que recoger madera en el bosque, hacer fuego y cocinar la comida en los cazos y vasijas que traíamos de nuestro hogar en Bután. Nunca había suficiente alimento.

Después de seis meses de vivir en una suciedad extrema, se construyeron los campos de refugiados oficiales y se nos envió al campo Beldagi 1, uno de los siete campos que se establecieron. Había aproximadamente 22,000 personas en nuestro campo. No estoy completamente seguro de las cantidades, pero nuestro campo era el segundo más grande. Este campo se dividía en siete sectores y a nosotros nos asignaron al sector D, subsector 1 y nuestras chozas eran la 75 y la 76. Era una choza doble porque éramos una familia grande. Nos dieron aceite de queroseno para utilizarlo en lámparas y carbón para cocinar, pero casi siempre preferíamos utilizar leña. Más adelante, la ONU nos proporcionó un horno.

Cuando recién llegamos, compartíamos la choza doble con mi hermano mayor y su esposa, quienes para entonces ya tenían tres niños. Cuando yo tenía 16 años, mi hermana Padma conoció a un chico con el que se casó. Él habitaba en nuestro campo de refugiados pero en otro sector, así que mi hermana se mudó a la choza de su marido. Al paso del tiempo tuvieron tres hijos.
Poco tiempo después, mi hermano Tika Ram se casó con una chica que vivía en el campo Bedangi 2. Generalmente, cuando una pareja se casa, la mujer va a vivir a la choza de su marido; sin embargo, cuando hay más de ocho o nueve personas en una misma choza, es

posible mudarse a otra choza. A mi hermano se le permitió separarse de nosotros después de unos meses de haberse casado; esto nos permitió tener más espacio. Al paso del tiempo, mi hermano y su esposa tuvieron cuatro hijos. Nuestra familia crecía rápidamente.

Entre 1992 y 1995 cursé del grado escolar 7 al 10 en la escuela del campo, lo cual me preparaba para el Certificado de Fin de Estudios Escolares (School Leaving Certificate). A mediados de 1995 tenía que completar los grados escolares 11 y 12 y para esto necesitaba estudiar al otro lado de la frontera, en India.

Al comienzo de cada sesión escolar, los profesores nos daban nuestro calendario escolar. No nos enseñaban por medio de clases en persona, más bien eran como clases a distancia. Cada 15 o 20 días teníamos que ir a la escuela para presentar exámenes. Se nos daba el tema del examen durante una sesión de clase y dependía de nosotros estudiar y prepararnos para el examen. Se nos daba la oportunidad de presentar el examen un día antes o un día después de la fecha programada. Había una biblioteca para que la utilizáramos sin costo alguno, pero había ocasiones en las que teníamos que comprar libros. Disfrutaba mucho estudiar y pasar el tiempo dedicado a mis estudios, quería estar bien preparado para la clase y para presentar a mis profesores todas las preguntas que tenía.

Nos daban tareas para hacerlas en el campo de refugiados, pero cuando teníamos que presentar un examen, había que tomar varios autobuses y viajar entre tres y cuatro horas para ir a la escuela. Hacía el viaje a la escuela con mis amigos para hacernos compañía y compartíamos un cuarto para así ahorrar gastos. Si el cuarto costaba 500 rupias, dividíamos esta cantidad entre dos y así evitábamos gastar nuestros pocos ahorros. También teníamos que pagar el boleto de autobús. Yo tenía un empleo en las instalaciones médicas de nuestro campo de refugiados; ayudaba a los médicos a proporcionar medicamentos a las personas. Ahorraba el dinero que ganaba y lo utilizaba para pagar mis estudios en India.

En 1996, me dedicaba a estudiar y trabajar. En ese tiempo conocí a una chica que vivía en mi campo y comenzamos a pasar tiempo juntos. Me gustaba mucho y, con el tiempo, nos enamoramos; era un sentimiento muy especial. Pasamos un año conociéndonos mejor.

Cuando nos encontrábamos, hablábamos de cómo podríamos mejorar nuestras vidas y escapar de todo el estrés y dificultades que vivíamos en el campo. Ella tenía una relación muy estrecha con su madre y, ya que ella era la hija mayor, hablaban de todo entre ellas. Después de un año, decidí que quería casarme con ella. Debido a que su padre había fallecido, le pedí su mano en matrimonio a su madre, quien nos dio su consentimiento inmediatamente. Sentí que aquello era una inmensa bendición porque muchas parejas jóvenes viven la experiencia de un matrimonio arreglado, pero nosotros no; yo estaba enamorado de mi esposa. Nadie la eligió para mí, nosotros nos encontramos uno al otro. Fueron momentos muy especiales para los dos.

Nuestra boda fue en 1997, yo tenía alrededor de 20 años. Mi esposa vino a vivir a la choza en la que vivía con mis padres. Después de tres o cuatro meses se nos permitió separar la choza familiar; no necesitábamos nuestra propia choza, sólo un poco de privacidad. Comencé mis estudios en la universidad ese mismo año y seguí viajando a la India. Durante ese tiempo aprendí a hablar hindi.

Todo este periodo en el campo de refugiados fue muy difícil para mis padres ya que no contaban con dinero y mi padre no podía trabajar fuera del campo. Mis padres estaban frecuentemente molestos y los escuchaba hablar de la propiedad que tenían y que se vieron forzados a abandonar así como de lo buena que era comparada con lo que tenían en ese momento y las dificultades que estaban pasando. Desafortunadamente, muchas veces no teníamos alimento suficiente y eran tiempos deprimentes para mis padres debido a tantos cambios radicales, sobre todo porque estos duros cambios no fueron voluntarios.

Nuestro primer hijo nació en 1997, era un bebé precioso. Al principio, yo quería solamente un hijo así que comenzamos a utilizar los métodos anticonceptivos disponibles en nuestro campo. Después de siete años, mi esposa quiso tener otro hijo; me decía que deseaba tener una niña. Nuestra hermosa hija nació en 2006. Estábamos felices de tener un niño y una niña. En esa época comencé a enseñar inglés en la escuela del campo y con ese dinero podía mantener a toda la familia.

En 2008, después de vivir en el campo durante más de 18 años, la ONU publicó un anuncio y dejó folletos en la oficina postal de nuestro campo. El anuncio y los folletos explicaban el proceso y regulaciones para emigrar a otro país. Leí la información con atención y decidí que era necesario efectuar un cambio de país, tendríamos que hacerlo si queríamos tener una vida mejor. Muchas personas fueron enviadas a los Estados Unidos automáticamente, sin que ellas pudiesen elegir, pero yo consideré esta opción con escepticismo debido a las noticias sobre el ataque a las torres gemelas en Nueva York y a otras noticias igualmente aterradoras acerca de los asesinatos que ocurrían diariamente en ese país. Tenía miedo de exponer a mi familia a un ambiente así. Comencé a estudiar la posibilidad de ir a Canadá, me pareció el país perfecto para nosotros, un lugar en donde nuestras necesidades se verían cubiertas. Solicité el cambio a la Organización Internacional de Migración (IOM). Su oficina estaba ubicada en Pedak, que estaba a cinco o seis kilómetros de nuestro campo. Mi esposa y yo utilizamos la bicicleta de mi hermano para ir a este sitio. Yo era el primer miembro de la familia que decidía partir. Después de que completamos el proceso, el resto de la familia también solicitó emigrar a Canadá. Cada noche iba a la oficina postal para ver si había llegado la tan esperada carta.

Finalmente, la carta llegó; en ella se nos informaba que habíamos sido aceptados por Canadá y que partiríamos a fines de ese año. La noche anterior a nuestra partida, organizamos una fiesta de despedida, todos mis amigos de la escuela y mi familia vinieron a casa a celebrar con nosotros. Yo tenía 33 años, mi esposa 32, mi hijo 10 y mi hija 2 años.

Cuando tomamos el avión, estábamos nerviosos pero muy emocionados al mismo tiempo. Era nuestro primer viaje en avión. Tuvimos que tomar dos autobuses desde el este de Nepal y después un avión a Katmandú. Allí pasamos varias noches para después volar a Nueva Delhi y de allí a Montreal vía Zúrich. Nos tomó cerca de 24 horas ir de Katmandú a Montreal, estábamos extremadamente cansados. Viajamos junto con otras cinco familias.

Llegamos al aeropuerto de Montreal el 8 de diciembre de 2008. Allí nos esperaba un intérprete junto con Line Chaloux, la increíble mujer que nos apoyó tanto y logró que se llevara a cabo nuestra inmigración a Canadá.

Cuando llegamos, la temperatura era de 20 centígrados, así que tomaron nuestras medidas y nos proporcionaron abrigos, botas y gorras. Un reportero habló con nosotros en el aeropuerto, quería saber acerca de nuestra llegada; yo estaba tan cansado que no supe bien lo que le decía. Al partir del aeropuerto ni siquiera recordaba qué le había respondido. Cuando vi la entrevista unos días después, todos nos reíamos porque tenía los ojos entrecerrados por el cansancio, y fue hasta ese momento que me di cuenta de lo que le había respondido al reportero. Éramos 24 personas en total y tenían un gran autobús esperando por nosotros; cuando llegamos al hotel en donde nos hospedaron, nos ofrecieron pasteles, frutas y otros alimentos, pero estábamos todos tan cansados que nadie probó bocado. Pasamos ocho días en el hotel y Line venía de manera regular para verificar que tuviésemos todo lo que necesitábamos. Mis hijos enfermaron durante tres o cuatro días a causa del viaje y por los cambios en la alimentación y en el ambiente general. Les tuvimos que dar un medicamento para controlar el vómito. Mi esposa y yo tampoco podíamos comer nada. Nos ofrecían todo tipo de alimentos pero no podíamos siquiera soportar el olor de la comida. Decidimos sólo beber agua y jugo. Nos tomó un buen tiempo adaptarnos al cambio. Al noveno día nos llevaron al que sería nuestro apartamento.

El cambio del hotel al apartamento fue muy agradable; nos llevaron al mercado local en donde escogimos nuestros propios alimentos y compramos verduras como coliflor, brócoli, así como lentejas y arroz, entre otros alimentos. Compramos pollo porque no pudimos encontrar carne de cabra, que era lo que acostumbrábamos comer en el campo de refugiados. Era una bendición tener un hogar y preparar los alimentos a los que estábamos acostumbrados. Durante la primera semana en nuestro apartamento, varias personas del centro local Le Coffret nos visitaron para asegurarse de que no nos faltaba nada. Una semana después de habernos instalado, mi hijo comenzó a ir a la escuela, las personas del centro vinieron por él para que conociera la escuela.

El resto de nosotros nos quedamos en el apartamento casi todo el tiempo. Estaba nevando y nunca antes habíamos visto la nieve. La veíamos todos los días en las montañas, al principio nos sentíamos fascinados por ella. Un día decidí tocarla, así que me quité los guantes y toqué la nieve con mis manos, en ese momento me di cuenta de lo fría que era. Después de un par de semanas nos comenzó a preocupar el frío constante.

Una tutora francesa venía a ayudar a mi hijo a aprender francés, y también nos enseñaba a nosotros. A los dos meses comenzamos a aprender el nuevo idioma y nuestra profesora nos animaba diciéndonos que el clima se volvería más cálido con la llegada del verano. Al principio no le creímos, pero en el mes de abril comenzamos a notar que el clima se volvía mas tibio.

Nos tomó algo de tiempo, pero finalmente nos sentimos asentados en nuestra nueva vida. Hablamos con nuestra familia en Nepal y nos enteramos que mis padres tenían diferentes puntos de vista en cuanto a qué país inmigrar. Mi padre quería venir a Canadá, mientras que mi madre quería ir a los Estados Unidos. Se decidió que mi padre vendría a Canadá con uno de mis hermanos y su familia. Mi madre iría a los EEUU con Narayan, mi otro hermano, y con mis dos hermanas. Mi padre y mi hermano llegaron a Canadá a finales de 2010, fue realmente maravilloso tenerlos con nosotros. Con frecuencia hablamos con el resto de la familia en los EEUU y también con mi hermano Nerapati, quien sigue en Nepal con su esposa y sus hijos. Él quiso esperar a ver qué tal me iba a mí en Canadá antes de decidir emigrar.

Queremos visitar Nepal cuando tengamos el dinero suficiente para el viaje, e incluso visitar Bután, pero por ahora no se nos permite volver a Bután. Siento un gran dolor al recordar o hablar acerca de la manera en la que la policía y el ejército trataban a las personas de Nepal en Bután. El responsable de este trato era el gobierno. Creo que todavía existen alrededor de 30,000 personas en los campos de refugiados, pero poco a poco estas personas son enviadas a otros países para que puedan tener una vida mejor.

Han pasado poco más de cinco años desde nuestra llegada a Canadá. Mi familia y yo estamos casi integrados a nuestra nueva vida y nos encontramos en el proceso de volvernos ciudadanos. A pesar de todos los trámites necesarios para llevar a cabo el proceso estamos muy agradecidos por estar aquí. Mi esposa ha comenzado un curso para ser asistente de chef y yo he trabajado como intérprete, de esta manera puedo hacer uso de mis habilidades para ayudar a otros en el proceso de integración. Hemos hecho maravillosas amistades y una vez que nos adaptamos bien al clima y aprendimos francés, la vida se volvió mucho mejor. A mis hijos les encanta jugar en la nieve y participar en todas las actividades invernales que se llevan a cabo aquí.

SEGUNDA PARTE
Historias de refugiados II

Capítulo VI

Relato de Bután

Mi nombre es Bishnu. Nací en 1977 en un pequeño pueblo rural de Salbandi Gou, Bután. Mis padres son hinduistas. Cuando yo nací, mis padres estaban llenos de alegría por haber creado una nueva vida y también sintieron un gran alivio, ya que de once niños nacidos antes de mí, cuatro habían fallecido trágicamente de una enfermedad grave.

Para poder mantener a nuestra gran familia, mis padres tuvieron que mudarse a una región más cálida en donde se pudiera producir más cultivos, y así poder incrementar el ingreso. Aunque sus tres hijas mayores ya estaban casadas y vivían en el norte de Bután, mis padres seguían teniendo siete hijos que criar. Yo no tenía demasiada relación con mis hermanas mayores ya que vivían muy lejos, y nunca tuve oportunidad de conocerlas mejor.

Al año de haber llegado al sur, en 1971, cuatro de sus niños, todos menores de cinco años, murieron y sólo quedaron tres varones: Puspalal, Yaduram y Gangaram. Perder cuatro hijos en un año fue tremendamente doloroso para mis padres. No se conoce con exactitud la causa de sus muertes, pero ellos creen que fue debido al traslado de la familia de un clima más frío, como el del norte de Bután, hacia otro más cálido y húmedo, de tipo subtropical, como el del sur del país. Los cuatro niños fallecidos fueron enterrados cerca de la casa. Un año más tarde nació la pequeña Tulasha y yo llegué seis años después.

En Bután y en Nepal, el estatus social de una familia o de una persona está clasificado dentro de las aproximadamente doscientas clases sociales existentes. Nosotros pertenecemos a la casta más alta, los brahmanes. Todos los brahmanes son elegibles para ser sacerdotes. Mi padre les enseñó a mis hermanos sobre la religión hinduista y, a partir de los cinco años de edad, se les envió a la escuela local para convertirse en sacerdotes. En la escuela, también aprendieron la lengua nepalesa y el inglés. Los muchachos estudiaron diez años antes de convertirse en sacerdotes. Yaduram se casó cuando tenía trece años, y partió hacia India para continuar sus estudios de nivel superior y así poder convertirse en un líder en su ámbito. Mi padre y mis hermanos Puspalal y Gangaram se clasifican como brahmanes Pupete y mi hermano Yaduram es un brahmán Panite, es decir, una clase levemente superior. Los distintos niveles de clase reflejan el nivel de estudios alcanzado.

Yo colaboraba con mi madre y mi hermana en las faenas de la casa y también ayudaba en la tierra. Cuando tenía seis años mi madre dio a luz a mi hermana Chandra Kala, y cinco años más tarde nació otra niña, Bima Devi. Mi madre seguía embarazándose porque los métodos anticonceptivos no eran comunes.

Mi madre era una mujer pequeña que no solía hablar mucho. Sin embargo, era extremadamente fuerte y era quien dirigía la casa, además de ayudar en el campo. Me enseñó a cocinar, y así me convertí en la mejor cocinera de la familia. Disfruté de esos momentos con ella. Uno de mis platillos favoritos contenía arroz, leche, azúcar y cardamomo. Un plato simple, pero muy sabroso. Los muchachos estudiaban y practicaban activamente el hinduismo.

Como matar o comer animales va contra nuestra religión, solo las niñas podíamos comer pescado y carne.

Se nos enseñaba cómo elaborar todo tipo de alimentos. Luego de preparar la comida, era necesario separar cada bocadillo en platos distintos, así cada quién podría seleccionar lo que podía comer. Una vez que la comida había finalizado, lavábamos todos los platos y comenzábamos a cocinar nuevamente para la próxima comida. Como mis hermanos estaban lejos estudiando, contratábamos trabajadores para que nos ayudaran con la tierra y con la pesca, y así poder tener suficiente comida para una familia tan numerosa como la nuestra.

Nosotros mismos cultivábamos la mitad de nuestra tierra y les pagábamos a otras personas para que manejaran la otra mitad. Vendíamos todos los productos de la tierra. Sólo las nueces representaban 45, 000 rupias al año.

Había dos casas en nuestra tierra, teníamos varias vacas, ovejas y cabras. Producíamos lana y cosechábamos caña de azúcar, maíz, frijoles, espinaca y legumbres. Cada temporada significaba una nueva plantación. No necesitábamos comprar fuera ya que nuestra tierra nos proveía todo lo necesario para alimentarnos. Mis hermanas y yo ordeñábamos las vacas y elaborábamos manteca con la leche de vaca, para después vender la leche y la manteca a los negocios del lugar. A veces, también vendíamos animales, generalmente vacas. Otras veces, vendíamos pequeñas parcelas de tierra para hacer algo de dinero, ya que nuestro terreno era muy extenso.

Siempre estábamos ocupados tanto en la tierra como ayudando a mi madre. Recuerdo que mi padre y hermanos se levantaban a las cuatro de la mañana todos los días para ir a rezar al templo que habían construido dentro de la casa. También estudiaban en el templo durante el día, y a eso de las seis o siete de la tarde rezaban nuevamente. A veces, mi padre invitaba a otras personas a rezar con nosotros y cantábamos juntos las plegarias.

Mi hermano Puspalal se casó, y él y su esposa tuvieron su primer niño en casa, con nosotros. Yaduram también estaba casado, pero se pasaba largas temporadas fuera estudiando en India. El resto de nosotros permanecimos viviendo juntos en nuestra tierra.

En 1992, cuando tenía trece años, mis padres recibieron una carta del gobierno en la que se les informaba que la policía vendría a la casa en una fecha determinada. No sé qué más contenía esa carta, pero escuchaba a mis padres hablar en el otro cuarto y los ví llorar cuando miré por la ventana. Mi hermana Tulasha había leído la carta, decía que las autoridades vendrían para violarla y para llevarse a mi madre en una fecha establecida. No tengo copia de esa carta porque si llegaban a encontrar a una persona con una notificación oficial, esa persona quedaba clasificada como "refugiado problemático", esto es, una clase inferior de refugiado. Incluso las autoridades de Nepal encarcelaban a cualquiera que estuviera en posesión de ese tipo de papeles.

A los dos días de haber recibido esa carta abandonamos los animales, las cosechas, la casa, todas nuestras pertenencias y partimos hacia India. Mis padres no nos dijeron demasiado, pero todo el tiempo tenían lágrimas en los ojos. Tomaron esta decisión para evitar que alguna de nosotras fuera violada o asesinada.

Partimos por la noche, así las autoridades no podrían vernos. Recuerdo que era una noche clara de luna llena, con luz suficiente para guiarnos a través de los bosques y de la frontera con India. Seguíamos a nuestros padres. Yo iba de la mano de mi hermana Chandra Kala. Tulasha llevaba a mi hermana más pequeña, Bima Devi, que en ese momento tenía ocho años. Mi hermano mayor, Puspalal, llevaba a su esposa y a su niño pequeño. Éramos diez en total, ya que Yaduram seguía en India estudiando. Nos llevó media hora cruzar la frontera porque no estábamos lejos de ella.

Cuando llegamos a India nos alojamos en casa de unos amigos de mi padre. Estuvimos tres semanas con ellos. Mi padre trató de organizar todo lo necesario para quedarnos en India, pero las autoridades de este país estaban rechazando refugiados de Bután. Así que no tuvimos más alternativa que alquilar un autobús que nos llevara hasta Nepal. Mi hermano Gangaram no quiso ir a Nepal. Sus amigos en Bután le habían dicho que también querían irse a India, pero cuando vio que no era posible quedarse en India, se volvió a Bután para quedarse con sus amigos. Cuando llegó de vuelta a la frontera le dijeron que no podía volver a entrar y lo arrestaron. Lo llevaron a prisión. Continuamente les preguntaba a mis padres qué estaba sucediendo, pero ellos sólo me respondían: "Vamos a Nepal". Yo continuaba preguntándome por qué íbamos a Nepal. Pensaba que en unos días volveríamos a casa.

El autobús tardó siete horas en llegar a Nepal. Llegamos al campo de refugiados y estuvimos todos juntos en una choza por seis meses. Fue una época horrible ya que no había agua ni lugar para comer. Había muchas enfermedades, mayormente diarrea, por el cambio en el tipo de comida. El campo estaba totalmente abarrotado, y las autoridades simplemente no podían manejar la cantidad de gente. Había gran cantidad de religiones en el campo: budistas, hinduistas, católicos y otros cristianos.

Había que hacer una larga fila para buscar agua con cubos, y cuando se abrían las llaves debíamos bombear el agua dentro de los cubos. Aunque las Naciones Unidas nos daban pequeñas cantidades de alimento cada semana, había mucha gente desnutrida. Nunca había vivido semejante estilo de vida. Fueron momentos muy duros para todos.

Habíamos hecho mucho dinero con la producción agrícola de nuestra tierra en Bután, y mi padre había traído una parte con él. Así que, después de seis meses, efectuó los arreglos necesarios para comprar una casa mejor. Nos fuimos a un campo un poco más pequeño, de 2,700 personas, a una casa más agradable. De hecho, teníamos dos casas. Mis tres hermanas, mis padres y yo compartíamos la casa principal; mi hermano Puspalal y su familia compartían la otra casa. Mi hermano Yaduram había vuelto de India para ver a su esposa Harimaya, que vivía con sus padres. Yo tenía una relación muy estrecha con Harimaya.

Las condiciones en este campo eran mucho mejores que en las que habíamos vivido en el primero. Cuando Tulasha tenía dieciséis años, vino un hombre a pedir su mano. Mis padres estuvieron de acuerdo, y ella partió a vivir con su esposo a su choza. Todos, menos la pequeña Bima Devi, nos casamos dentro del campo. Mis padres fueron los que eligieron dónde y con quién íbamos a vivir el resto de nuestras vidas.

Mis hermanas mayores y sus familias, del norte de Bután, se reunieron con nosotros en Nepal. Todos vivíamos en campos separados, dependiendo del lugar a donde habían sido destinados sus maridos.

Cuando yo tenía dieciocho años, mis padres se hicieron amigos de un vecino cuyo sobrino, Dhan Lal, venía a menudo a visitarle. Mis padres también los visitaban, y así fue como comencé a hablar con él. Tenía veintidós años y me gustaba mucho. Estaba en el campo con su hermano porque sus padres se habían quedado en Bután. Él tenía una relación muy estrecha con su tío y un día vino con su tío y su hermano a pedir mi mano. Mis padres estuvieron de acuerdo, y un año más tarde estábamos casados. Dhan Lal vivía en otro campo, así que me fui a vivir con él a su choza. En el campo al que fuimos había unas 22, 000 personas, así que esto fue un gran cambio para mí.

El campo estaba organizado del mismo modo que el otro: líneas de la A hasta la K, con un baño compartido ubicado cada dos chozas. Diariamente le entregaban a cada familia su carta de asignación, donde decía en qué momento debía hacer la línea para buscar agua. Comencé a coser sombreros tradicionales de hombre para venderlos y hacer algo de dinero. Tuvimos nuestro primer hijo catorce meses más tarde, al momento de dar a luz, Dhan Lal y dos amigos me llevaron en camilla al hospital que se encontraba fuera del campo. Se turnaban para llevar la camilla hasta llegar a un camión que me transportó al hospital que se ubicaba a media hora de allí. Estaba realmente cansada del viaje al hospital. Di a luz a mi hija en 1998 y estuve en el hospital un día. Cuando volví al campo, mi cuñada Harimaya se quedó conmigo hasta que todas las visitas que vinieron a conocer a la nueva integrante de la familia se fueron. Cada mes iba al campo de mis padres a visitarlos con mi bebé. Mientras tanto, continuaba haciendo mis sombreros y vendiéndolos a un negocio que se había instalado en el campo.

Mi marido quería brindarle todo lo posible a su familia y a su pequeña. Como necesitábamos enseres para la bebé, mi marido se

—

fue del campo a trabajar a Katmandú como carpintero y constructor de casas. Nos llamaba de vez en cuando para decirnos que estaba bien y que, cuando pudiera, enviaría dinero a través de distintas personas. Nunca era suficiente dinero, pero era algo. Estuvo fuera durante dos años y medio.

Mi padre murió en 2000 y le envié un mensaje a Dhan Lal para que volviera. Estuvo con nosotras sólo tres semanas y luego se fue nuevamente. La segunda vez que se fue, lo hizo por tres años. Esta vez, cuando regresó, se las arregló para poder quedarse un año con nosotras. Fue ahí que quedé embarazada de mi segunda niña.

Dhan Lal se fue del campo en 2003 y nunca más volvió. Nadie sabe qué fue de él. Fue muy difícil para mí cuando él desapareció de nuestras vidas. Lo extrañaba mucho y aún lo extraño. Mis niñas nunca conocieron a su padre, esto ha sido un gran vacío en sus vidas. Mi vecina en el campo, vigilaba a las niñas si yo necesitaba hacer algo. Me quedé en casa cuidándolas y haciendo sombreros hasta que empezaron la escuela.

En 2007, se empezó a hablar de un proceso mediante el cual uno podía cambiar de país. Mi madre no quería que dejáramos el campo, pero yo necesitaba hacerlo si quería darles a mis hijas una vida mejor. Elegimos Australia como primera opción y Canadá como segunda. Esperamos aproximadamente seis meses hasta que fuimos aceptadas en Canadá. Fueron muy buenas noticias, me sentí muy contenta.

Tuvimos nuestra despedida la noche anterior a la partida a donde asistieron los amigos y la familia; esa noche nos quedamos con mi madre en su casa. Partimos el 5 de diciembre de 2008 y llegamos a Montreal el 8 de diciembre.

Hablé por teléfono con mi familia en Nepal, les conté que la vida aquí era muy buena. Mis hijas empezaron la escuela y yo comencé a aprender francés. El estar sola fue un gran cambio para mí. Dejé a mi familia entera en el campo. Mi otra hermana también completó su proceso y partió para Estados Unidos. Mi madre estaba muy triste con la partida de sus hijas. En mayo de 2009, hablé con ella nuevamente. En ese momento me dijo que había cambiado de idea y que vendría a Canadá con nosotras.

En junio de 2009 hablé con Yaduram. Él me contó que mi madre se había caído y que se había golpeado la cabeza. Había estado mal durante seis días y, finalmente, murió. Él y su esposa estuvieron con ella. No podía dejar de pensar en el último momento en que había visto a mi madre, esa noche que dejamos Nepal. Ella tenía setenta años. Recuerdo nuestras conversaciones telefónicas. Ella no estaba acostumbrada a hablar por teléfono, así que mantenía el aparato telefónico bien pegado a su oreja y hablaba muy fuerte, porque no escuchaba bien. Me dijo que me quería y que había comenzado el proceso para estar con nosotras. Ese día nunca llegó. Ella se había ido, y yo estaba tan lejos… Recé mucho en Canadá cuando ella murió. La extraño. Perdí a mis dos padres, mi hermano Gangaram sigue en prisión y mi marido desaparecido. Ha sido duro y triste para todos nosotros.

En 2011, mi hermano Yaduram y su esposa Harimaya llegaron a Canadá con su familia. Yo estaba tan feliz de tenerlos conmigo. Esto ha representado un cambio emocional enorme para mí.

Tres años antes de llegar a Canadá, mi hermano Yaduram fue a visitar a Gangaram a la prisión, tal como lo había hecho una vez por año con la ayuda de una organización en Nepal. Yaduram nos contó cómo lo habían tratado a Gangaram cuando recién había llegado a la prisión. Utilizaban una máquina de tortura que le fracturaba los brazos y amorataba todo su cuerpo, como castigo por haber intentado volver a Bután. Al año siguiente eran sus piernas, ya no podía caminar. Esto continuó hasta 2002. La misma organización apeló para que este castigo terminara. Era espantoso saber lo que le habían hecho. Mi hermano había dedicado su vida entera a su sacerdocio y ahora se le trataba de esta horrenda manera en prisión. Ha estado ahí veintiún años ya. Nos enteramos de que sigue con vida. En su última visita, Yaduram arregló todo para poder ir con la más pequeña de mis hermanas, Bima Devi. Las condiciones en la prisión habían mejorado un poco y Gangaram estaba muy feliz de poder ver a algunos de sus familiares.

Gangaram tiene ahora cuarenta y dos años. Nadie puede decirnos por qué no lo liberan. Estos son factores que, por cuestiones políticas, "no pueden explicarse", por lo que seguimos sin saber por qué hay cosas que no pueden hacerse. Se trata de una hermosa persona encerrada por haber querido volver a su hogar. No es correcto.

Mis hermanas menores, Chandra Kalaand y Bima Deviare, viven ahora en Estados Unidos y nos comunicamos con frecuencia. Mis hermanas que viven en el norte de Bután han comenzado con el proceso para poder ir a Estados Unidos. Tenemos una gran familia en los Estados Unidos. Por lo que sé, somos alrededor de sesenta mil nepaleses refugiados en Estados Unidos y, posiblemente, seis mil que han sido enviados a Canadá.

En 2008, la gente de Bután votó su país como el lugar más feliz para vivir. Se ha convertido en uno de los países más caros para visitar, y los turistas y viajeros sólo pueden visitar determinados lugares del país. No conozco completamente la historia de nuestro país, pero sí sé cómo nuestra gente fue asesinada, violada y encerrada. Estoy feliz de vivir en Canadá y deseo obtener la ciudadanía. También me gustaría visitar a nuestra familia en Estados Unidos.

Capítulo VII

Historia de la República Democrática del Congo

Mi nombre es Antoine, nací en 1965. Mis padres tuvieron seis hijos en la ciudad y provincia de Kinshasa, en la República Democrática del Congo (RDC).

Todos nacimos en el hospital de Kinshasa y fuimos criados por nuestros padres en casa. Cuando yo tenía cinco años, mi hermana mayor se casó y se fue de viaje por Europa. Comencé la escuela a los siete años, en 1971, y realmente me gustaba. Hice muchos amigos allí y hablábamos francés. Los profesores nos enseñaban inglés pero para mí resultaba muy difícil, así que trataba de evitarlo. Cuando mi hermano comenzó la escuela, comencé a cuidarlo para asegurarme de que no terminara envuelto en situaciones desagradables.

Me llevaba bien con mis padres y los respetaba por criarnos tan bien, por pagar nuestras escuelas y por darnos la oportunidad de recibir una educación. Éramos una familia de clase media. Mi madre cuidaba del hogar mientras que mi padre trabajaba en las oficinas del gobierno. Teníamos un auto que nos permitía movernos con facilidad. Luego de terminar mis tareas, le ayudaba a mi madre con los quehaceres domésticos, tales como barrer los pisos, entre otras tareas. Si necesitaba ropa o cosas para la escuela, mis padres me lo brindaban. Les estaba agradecido por todas esas cosas.

Cuando tenía diez u once años, mi padre salió a trabajar un día y nunca más volvió. Lo buscamos por todos lados, en los establecimientos locales, hospitales, etc. Mi hermana fue hasta su trabajo y preguntó por él, pero nadie sabía nada. Finalmente, fue a un campo de detención cercano a la casa del presidente Mobutu y ahí lo encontró. Representantes del gobierno se habían acercado a su oficina y lo habían arrestado porque consideraban que estaba en contra del presidente Mobutu. Yo estaba muy alterado por su detención.

Un día, seis meses más tarde, volví de la escuela y encontré sobre la mesa vidrios y el reloj pulsera de mi padre, roto. Había sido liberado y estábamos felices de tenerlo de vuelta en casa. Lo escuché hablando con sus amigos sobre cómo los guardias lo habían torturado y golpeado. Sé que fueron momentos duros para él pero no me dijo demasiado sobre todo lo que había vivido. Yo era muy joven todavía para comprender.

Cuando tenía catorce años, la segunda de mis hermanas se casó y se mudó con su esposo.

En 1981, mi padre se enfermó gravemente y continuamente me decía que no se sentía bien. Era evidente que sufría mucho. Como no sabíamos qué le pasaba, lo llevamos al hospital, pero falleció tres o cuatro días después. No le hicieron una autopsia a su cuerpo. Sus amigos dijeron que era posible que lo hubiesen envenenado mientras estaba en la prisión y que tal vez tomó varios años en hacer efecto completo. Perder a mi padre a la edad de dieciséis fue extremadamente difícil de enfrentar. Su muerte tuvo un efecto devastador en toda la familia.

Por esa época, comencé a salir con muchachas del lugar. Dos de ellas quedaron embarazadas, cada una tuvo una niña. Las pequeñas vivían con sus madres. Cuando yo tenía veinte años, mi hermano mayor se casó y se fue de casa para comenzar una vida nueva con su esposa. Los visitaba a menudo y me gustaba mucho pasar tiempo con ellos.

Terminé la escuela secundaria en 1988, cuando tenía veinticuatro años, pero mis notas no eran tan buenas como para ser aceptado en la universidad. Así que me esforcé mucho más en mis estudios para poder ser admitido en la universidad.

En 1990, fui aceptado en la universidad, así que dejé mi hogar para ir a estudiar. Tenía veintiséis años y me sentía muy bien al estar en el ambiente académico. Mientras estaba lejos estudiando, me enteré de que mi tercera hermana se había casado y se había mudado con su esposo.

La universidad me abrió muchas puertas. En ese momento el presidente Mobutu estaba en el poder en la República Democrática del Congo. Me volví miembro del partido Unión social para una política democrática (Social Union for Democratic Politics), un partido político de oposición al Presidente. No estábamos de acuerdo en la forma en que el gobierno dirigía al país ya que cualquier persona considerada opositora al gobierno era brutalmente arrestada o asesinada. Muchos estudiantes quisieron tomar posición y apoyar los derechos democráticos de su propio país.

Hacia fines de 1991, conocí a una muchacha con quien quería casarme, y lo hicimos mediante una boda tradicional. Luego continué mis estudios universitarios a la par que seguía completamente involucrado en mi partido político.

El presidente Mobutu organizó una conferencia nacional con la intención de hacer algunos cambios legislativos y al mismo tiempo elegir a un nuevo Primer Ministro. Nosotros apoyábamos la conferencia, pero antes de que ésta ocurriera, el Primer Ministro en poder intervino y puso fin a la conferencia nacional.

Esta situación alteró mucho a los estudiantes y uno de los grupos cristianos de la universidad organizó una protesta pacífica contra el gobierno.

La protesta se llevó a cabo el dieciséis de febrero de 1992. Durante la protesta, soldados armados llegaron en sus camiones y rodearon nuestro grupo así que nadie podía salir. Dos de los soldados comenzaron a pegarme con sus bastones. Me tomaron de una de mis manos y me arrastraron por la calle un largo trecho hasta tirarme dentro del camión junto a otras víctimas. Estaba herido y muy golpeado. Los soldados se quedaron parados entre los estudiantes, que no se atrevían a decir una palabra.

Nos llevaron a la prisión de Makala donde quince o veinte de nosotros tuvimos que compartir una gran celda. Al principio me dieron medicinas para el dolor y un mínimo tratamiento para las heridas. Me tomó un mes recuperarme de los golpes. Estábamos malnutridos ya que sólo nos alimentaban con frijoles todo el tiempo. En ningún momento pudimos apelar contra la detención. Nos dejaron ahí hasta que nos liberaron seis meses más tarde. Me forzaron a firmar un documento en el cual me comprometía a reportarme semanalmente a las autoridades de la prisión y a no acercarme a ningún aeropuerto o frontera, es decir, no podía dejar el país. También se me prohibió participar en cualquier evento político.

Me fui directamente a casa en donde estaban mi esposa y a mi madre. Sintieron un gran alivio al ver que estaba sano y salvo, y me suplicaron que no participara en ninguna manifestación más. Le expliqué a mi madre que yo quería apoyar al partido que intentaba ganar el poder y cambiar los líderes de nuestro país. La muerte de mi padre tenía mucho que ver con esta pasión tan grande por un cambio.

Me consideraban un estudiante sin miedo de implicarse en cualquier movimiento que pudiera traer un cambio y me veían como una persona influyente. Fui el blanco de la policía desde el momento de mi primer arresto, así que tuve que ser cauteloso en mi participación. Estábamos privados de la libertad dentro de nuestro propio país. Creía que lo mejor era tomar partido.

Comencé a reportarme a las autoridades de la prisión. Tres semanas más tarde asistí a una reunión al aire libre organizada por el partido. El líder hablaba por el altavoz. Era una reunión privada, pero yo seguía mirando a todos lados para asegurarme de que no hubiera soldados, por si tenía que huir, pero no los había. Un hombre vino a buscarme y me dijo que alguien, en un auto, quería hablar conmigo. Creí que era algo seguro y que era alguien a quien yo conocía. Cuando llegué allí, me empujaron dentro del auto y comenzaron a pegarme con bastones al tiempo que nos alejábamos del lugar. Me dijeron que había sido advertido de no involucrarme en eventos políticos. Me golpearon todo el tiempo que estuve en el auto. Estaba mal herido y con mucho dolor.

Me arrastraron a un cuarto para interrogarme. Tiraron aceite en el piso y pusieron un objeto en el otro extremo de la habitación. Me dijeron que debía arrastrarme por el piso y recuperar ese objeto. No podía hacerlo, intentaba avanzar pero el aceite no lo permitía y permanecía en el mismo sitio. Me pegaban sin cesar por no ser capaz de recuperar el objeto.

Me enviaron a prisión otros seis meses más. Hacia el fin de esos seis meses, en 1993, vino un guardia y me dijo que saliera caminando. Me dijo que me metiera en un auto y nos fuimos. Mientras nos alejábamos, me informó que mi tío había organizado mi escape pero que nadie podía verme si no, sería asesinado inmediatamente.

Me encontré con mi tío en la casa de un amigo. Mi esposa y mi madre llegaron inmediatamente después que yo. Mi esposa estaba embarazada en ese momento. Mi tío me dijo que debía salir del país en avión al día siguiente en la mañana, que debía despedirme de mi familia y que ya no les vería más. No había estado casado por mucho tiempo antes de mi detención, así que mi esposa y yo no nos conocíamos muy profundamente, por lo que la despedida fue un tanto incómoda. Mi madre me dijo que me amaba y que si la hubiera escuchado y me hubiera concentrado en mis estudios no estaría en esa situación.

A la mañana siguiente, mi tío me dio un documentos con mi foto para poder viajar. Utilicé ese documento para salir del país hacia Nigeria. Viajé sólo y mi esposa decidió seguirme para estar juntos en el momento de dar a luz a nuestro hijo, en Nigeria. Cuando llegamos, nos establecimos en una casa estándar en en ese país. Ahí llegó al mundo nuestro primer hijo, una pequeña niña.

Contacté a las Naciones Unidas y les expliqué mi situación. Me clasificaron como refugiado en Nigeria. Era difícil ser un refugiado ya que no había casi ningún empleo y no tenía dinero para mantener a mi esposa y a mi niña. A los dos años, ella quedó embarazada otra vez y la situación empeoró. No estaba acostumbrado a vivir en semejante pobreza y mi esposa era muy infeliz. Esto afectó completamente nuestra relación. Finalmente, ella decidió dejarnos, a mí y a la niña, en Nigeria. Partió sin decir una palabra, huyó para estar con mi madre en la República Democrática del Congo, en donde dio a luz a nuestro segundo hijo.

Una vez que nació el bebé, ella volvió a irse, esta vez a Angola, dejando al niño al cuidado de mi madre. Me enteré que volvió a casarse y a tener otros hijos con su esposo. Ya no estamos en contacto.

Mi hija vivía conmigo y sufría mucho porque yo no tenía los medios para mantenerla ni para ser el padre que debía ser. Así que hablé con mi madre e hice los preparativos para que mi hija volviera a la República Democrática del Congo y que mi madre se ocupara de ella y le diera lo que necesitara.

Para este entonces, yo ya tenía cuatro hijos en diferentes lugares, y me mantenía en contacto con todos ellos. También me iba enterando de las noticias y de los cambios políticos en la República Democrática del Congo. Encontré muy poco trabajo en Nigeria ya que es un país con mucha población y el poco trabajo que existe no les es dado, precisamente, a los refugiados.

En 1999, conocí a una mujer en Nigeria, una refugiada de la República Democrática del Congo. Ella había huido del país porque el presidente Kabila había subido al poder y sus padres y hermanos habían sido asesinados en su casa. Por suerte ella no estaba en ese momento, había salido con uno de sus hermanos y los soldados no habían podido encontrarlos. Recibió un mensaje de que toda su familia había sido asesinada y de que no podía volver a su casa. Su tío abuelo era un general en el ejército en ese entonces, así que ella fue a él para que la ayudara a huir a Nigeria. Él le contó que había sido Kabila quien dio la orden de asesinar a su familia porque su padre había desobedecido sus órdenes. Su padre había sido uno de los soldados de Ruanda que ayudaron a Kabila a subir al poder. Varios grupos rebeldes se habían formado en ese momento para combatir a Kabila. Al padre de esta muchacha le habían ordenado luchar contra esos grupos rebeldes, pero él se había negado a hacerlo. Por ello, Kabila envió unos soldados a matarlo a él y a toda su familia. Fue un momento extremadamente difícil para ella. Nos conocimos en circunstancias tremendas, pero nos entendimos y nos enamoramos. Nos casamos en 2000. Vivíamos como podíamos, intentando sobrevivir con lo que teníamos. Probamos varias cosas para conseguir dinero, comenzamos a comprar y vender ropa, lo que parecía funcionar. Esto nos daba un ingreso.

Mi esposa quedó embarazada y dio a luz a nuestro niño en 2003. Los tres vivíamos solos hasta que mi segunda hija, en el Congo, quiso reunirse conmigo en Nigeria. Así que arreglé todo para que viniera en 2005.

Continúe yendo a las Naciones Unidas para explicarles nuestra situación y para pedir asistencia financiera, pero todo el proceso es largo. Mientras tanto escribí una carta abierta y la envié al gobierno de Kabila. Un resumen de esa carta fue publicada.

Continuamente informaba a las Naciones Unidas sobre el peligro en el que me encontraba. Hasta que en 2007, me entregaron un formulario de solicitud para migrar hacia otro país. Me informaron que partiría a Canadá, pero no recibimos ninguna confirmación hasta 2013.

Salimos hacia Canadá en enero de 2014. Para mi hijo fue su primer viaje en avión. Él comenzó la escuela inmediatamente y, como en Nigeria había aprendido el inglés, en Canadá tuvo que comenzar a aprender el francés; estoy seguro de que lo aprenderá pronto. Mi hija está con nosotros y, como es mucho mayor, se está adaptando bien. Mis otros dos hijos se reunirán con nosotros en poco tiempo. Mi hija mayor desearía enormemente reunirse con nosotros pero como tiene treinta años ya no le es fácil inmigrar. Una vez que se llega a una determinada edad ya no se puede calificar como refugiado junto a los padres. Corresponde una solicitud independiente, la cual es muy costosa.

Estamos agradecidos de estar viviendo en un país con tanta libertad. Teníamos una vida terrible en Nigeria. Se nos ha dado la maravillosa oportunidad de tener un nuevo comienzo. He estado haciendo trabajos en la casa para que sea mucho mejor para nosotros. Cubrimos nuestras necesidades básicas y, en su momento, podré darles a mis hijos otras comodidades como una televisión o una computadora, que será una herramienta para su educación. La gente de esta comunidad nos ha dado una calurosa bienvenida y estamos muy felices.

Capítulo VIII

Historia de la República Democrática del Congo

Mi nombre es Christian, nací en agosto de 1960 en Kinshasa, República Democrática del Congo (RDC). Soy el mayor de cinco hermanos. Tenía una relación muy estrecha con toda mi familia cuando vivíamos juntos.

Mi padre tenía tres esposas, así que yo tenía tres madres en casa que cuidaban del hogar y de los niños. Mi padre era un exitoso hombre de negocios. Tenía negocios por todo el país en la industria de la construcción, edificaba casas y tenía distintos tipos de proyectos. También era proveedor de materiales de construcción y dueño de restaurantes y tiendas de ropa. Trabajaba mucho y tenía mucho éxito. Yo lo admiraba por tratar de hacer lo mejor para poder llevar su proyecto empresarial cada vez más lejos.

Siempre me decía que debía enfocarme en mis estudios y en tener una buena educación. Mis padres recalcaban la importancia de casarse y de cada quien formara su propia familia.

A los seis años de edad comencé a estudiar en una de las mejores escuelas de la provincia de Kinshasa. Vestía pantalones azul oscuro con una camisa blanca y, en ocasiones especiales, una corbata. Amaba la escuela. Nos enseñaban muchas materias, incluyendo francés e inglés, pero he olvidado el inglés que aprendí entonces.

En 1974, cuando tenía catorce años, recuerdo que llegó un maestro de Bélgica para enseñar en nuestra escuela. Su nombre era Montermans. Este maestro fue una gran inspiración para mí. Nos enseñaba matemáticas y, con un poco de humor que le agregaba a sus clases, nos hacía reír a la vez que aprendíamos mucho. Era una manera fantástica de aprender. Hice muchos amigos a lo largo de esos años de escuela.

En ocasiones, mi padre me llevaba en sus viajes de negocios a regiones distantes para visitar otras de sus tiendas. No iba todas las veces porque tenía que estudiar. Yo era el hijo mayor y sentía la responsabilidad de dar el ejemplo a mis hermanos yendo a la escuela y siendo responsable. Disfrutaba de esa responsabilidad y creía ser un buen modelo para ellos.

Cuando terminé la escuela secundaria, estudié un año de Ingeniería en la universidad, pero luego decidí hacer una pausa y comenzar a enseñar. Así que estudié Pedagogía, pero no necesitaba el diploma universitario para enseñar si sólo daba clases a estudiantes de primaria. Yo pensaba que la experiencia que pudiera obtener del trabajo como docente me ayudaría en mi futura carrera universitaria.

En 1986, cuando tenía veintiséis años y las escuelas estaban en vacaciones, conocí a una muchacha. Ella vivía en nuestra zona, pero asistía a una escuela que estaba a 300 kilómetros de allí. Me enamoré de ella, pero no podíamos vernos seguido porque ella estudiaba muy lejos. Continué enseñando. Un tiempo después le propuse matrimonio y decidimos casarnos en una ceremonia tradicional cuando ella terminara sus estudios.

Nos casamos en 1991 en la República Democrática del Congo. Fue un momento maravilloso. Nuestro matrimonio unió a las dos familias. Es tradición que los padres del novio ofrezcan a los padres de la novia una "nuez de cola", el fruto del árbol de cola que contiene cafeína. Le dimos a su padre un par de zapatos y dinero y a su madre algunas telas coloridas. También les ofrecimos un cartón de cigarros de calidad, del tipo Alaskan, Embassy verde o rojo. Fue un gran momento para todos, estábamos muy felices. La boda por lo civil, en la que nos entregaban los papeles oficiales, la tuvimos muchos años después, en 2008 cuando estábamos en Chad.

Una vez casados, mi esposa vino a vivir con nosotros en la casa familiar de la capital, Kinashasa. Estábamos listos para comenzar nuestra propia familia, así que al año siguiente, en 1992, nació nuestro primer niño, un hermoso varón. Yo le había prometido a mi esposa que si nuestro primer hijo era varón le haría un regalo maravilloso y extravagante: un auto. Todavía no he cumplido esa promesa y no lo hice en ese momento porque el salario de maestro no me permitía hacerlo. Después de que mi hijo nació, hubo gran cantidad de huelgas de maestros, así que dejé de enseñar por un tiempo y comencé a conducir botes en los ríos para otras personas y a vender toda clase de pequeños artículos.

Nuestro segundo hijo, un varón, nació tres años más tarde en 1995. Era un sentimiento maravilloso el de tener dos niños sanos. Mi esposa pasaba sus días cuidando de la casa y de los niños, y como necesitábamos más dinero, volví a dar clases.

En 1997, comenzó la guerra en el este del país. Los soldados ruandeses y los rebeldes congoleños, financiados por los gobiernos de Ruanda y Uganda, se hacían paso por Kinshasa para invadir la República Democrática del Congo.

El 17 de mayo de ese año, fui a trabajar como siempre. Cuando estaba mirando a los niños jugar al fútbol, vi de repente que la gente comenzaba a correr frenéticamente en todas direcciones. Gritaban que los grupos rebeldes habían penetrado la ciudad. La guerra había comenzado y toda la ciudad estaba atemorizada. Corrí a casa y le dije a mi esposa que debíamos huir de allí con los niños. Tres de mis hermanas estaban en casa en ese momento, pero no encontraba por ninguna parte ni a mis padres ni a mi otra hermana.

Kinshasa está cerca de Brazzaville, la capital de la República Democrática del Congo. Son las capitales más cercanas del mundo, a sólo 1.6 kilómetros una de la otra. Decidimos cruzar el río para ir a Brazzaville. Los pescadores locales nos ayudaron a cruzar el inmenso río en una pequeña balsa. Muchas personas tenían miedo de cruzar, y mis hermanas prefirieron irse tierra adentro en lugar de cruzarlo. Esa fue la última vez que las vi.

Cuando llegamos al otro lado del río, nos agruparon al lado del muelle durante dos días, mientras que la gente seguía desesperadamente tratando de cruzar el río. Vi a mi vecino cruzar el río y me dijo que había visto a mi otra hermana y que ella estaba bien, pero que mi padre había sido asesinado por uno de los rebeldes mientras intentaba escapar. Fue una de las experiencias más tremendas de mi vida, enterarme que mi padre había sido asesinado de esa manera. La tristeza y el pánico se apoderaron de mí y comencé a llorar descontroladamente por un largo rato.

La policía en el muelle nos ayudó a encontrar algunas sábanas y comida para los niños. Teníamos que pensar en hacer algo. No teníamos nada y no podíamos vivir así. Comenzamos a escondernos con otras familias en pequeños cobertizos en los muelles, en donde guardaban los botes. Ahí estuvimos por dos semanas. Sabíamos que teníamos que irnos de ahí, pero no teníamos dinero para viajar. Tenía que encontrar una manera de sacar a mi familia de ahí. Fue la primera vez en mi vida que tuve que pedir caridad. Fue tan difícil. No me sentía orgulloso de nuestra situación, pero no me quedaba otra opción si quería que mi familia sobreviviera. Necesitaban alimentarse. Algunos lugareños nos dieron un poco de dinero, algo de ropa y alimentos. Con ese dinero pagamos un bote que nos llevó un largo tramo río arriba hasta la República Centroafricana. Nos establecimos en la capital, Bangui, donde había una comunidad de ciudadanos de la República Democrática del Congo. Conocimos al líder del grupo, quien nos ofreció albergue por unos días en su casa.

Era una casa pequeña y no era suficiente para todos nosotros. En esa parte del país, se puede alquilar un apartamento y pagar la renta a fin de mes en lugar de pagar por adelantado. Así que alquilamos una casa al tiempo que traté de encontrar cualquier trabajo para sobrevivir. Rápidamente nos dimos cuenta de que a la gente del lugar no le agradaban los extranjeros. Existía xenofobia, racismo y el mínimo de hospitalidad hacia nosotros. Trabajé como maestro pero a menudo no me pagaban. Por las noches, volviendo a casa corría el riesgo de que me atacaran o me mataran. Fueron momentos de extrema inseguridad. No podía contactarme con mi familia ya que no sabía en dónde podrían estar.

Luego de siete meses, decidimos dejar Bangui. Nos enteramos de que Chad era mucho más hospitalaria. Llegamos a Chad en 1998. Fui a la oficina de las Naciones Unidas y les expliqué mi situación. Ellos aceptaron nuestros papeles y en 1999 nos dieron el estatus de refugiados. El Alto Comisionado de las Naciones Unidas para los Refugiados (ACNUR) aún estaba creándose para ese entonces en Chad, así que fue las Naciones Unidas quien nos dio nuestras credenciales.

Una vez que la oficina del Alto Comisionado de Naciones Unidas fue abierta, organizaron una entrevista con nosotros, en la cual nos fue realmente bien. Así fue como se inició el proceso para incluirnos en una lista de ayuda, lo cual nos llenó de esperanza. En 1999 tuvimos a nuestro tercer hijo, una niña, y en 2002 tuvimos al cuarto, otra pequeña. Estaba orgulloso de mi familia, los amo profundamente.

Comencé a enseñar y a dar clases particulares a los niños en sus casas. Era suficiente para pagar la renta y la comida. En ese momento fue una buena forma de sobrevivir. Pudimos permanecer en la ciudad como refugiados urbanos, así que no tuvimos que vivir en un campo de refugiados. Mi esposa había estado cosiendo ropa por varios años y con eso ganaba algún ingreso cuando lo necesitábamos. Además, se mantenía interesada en algo mientras cuidaba a los niños.

En 2004, estando en Chad, decidí volver a la universidad y estudiar Literatura francesa y Lingüística. El ACNUR pagó mis estudios. Mis hijos iban a la escuela y yo les ayudaba con sus estudios cada vez que podía.

Mi esposa comenzó a tener serios problemas de salud a partir de 2006. Consultamos a varios médicos, pero no pudieron ayudarnos. Viajamos al hospital de Camerún, pero no pudieron curarla. Intentaron con distintos métodos, todos sin éxito. El ANCUR nos envió a ver a un especialista en Chad quien nos dijo que no podía ser tratada en África ya que no contaban con los recursos para la cirugía. Su problema estaba en el área abdominal, una parte muy delicada de su cuerpo, y sufría constantes dolores. Me comuniqué con el ANCUR y les comenté cuál había sido el resultado de la consulta para ver si podíamos encontrar otra solución.

El 2 de febrero de 2008, la guerra comenzó en nuestro barrio. Hubo un intenso fuego cruzado entre los soldados del gobierno y los grupos rebeldes de Sudán. Los rebeldes comenzaban a entrar porque querían tomar el poder, como ocurre en casi todas las guerras a través de África, ésta también se basaba en el poder y el liderazgo. Nosotros quedamos atrapados en el medio de los dos enemigos, la gente corría por todos lados tratando de escapar del fuego cruzado.

Ambos grupos continuaron luchando y asesinando gente a nuestro alrededor. Quedamos varados durante dos horas, ocultos en un refugio mientras que los disparos y las bombas caían a nuestro alrededor. Tuvimos que huir del refugio hacia otro distrito para encontrar un lugar seguro donde poder sobrevivir. Los niños corrían a nuestro lado, y como los más pequeños eran aún muy jóvenes, había que repetirles todo el tiempo que siguieran corriendo lo más rápido que pudieran. Lo hicieron tan bien, incluso cuando tenían que trepar sobre pilas de cadáveres. No puedo imaginarme lo que sentían a esas edades y tener que estar expuestos a experiencias tan traumáticas y a imágenes tan espantosas. La más pequeña tenía seis años en ese momento y el mayor dieciséis.

Vimos un lugar cerrado, parecía un edificio de oficinas, frente a la base militar en donde se ubicaba el Palacio de Gobierno. Había tanques de guerra por todos lados. Toda el área estaba cubierta de rebeldes, iban de casa en casa matando a todos los que estaban en su camino, iban abriéndose paso hacia el Palacio. El Presidente había dado órdenes a su ejército de bombardear todo lo que estaba cerca del Palacio para ahuyentar a los rebeldes, incluso a los ciudadanos escondidos en sus casas.

Nunca olvidaré el sonido de esas bombas ensordecedoras. Todo lo que se escuchaba era el sonido de las armas pesadas y de los disparos. No había silencio ni por un segundo. Cuando entramos al edificio vimos que había otras familias que se habían escondido allí y nos ayudaron a escondernos. Nos dijeron que estábamos a 300 metros de la base del ejército francés. Los franceses se habían ubicado en ciertos puntos de la ciudad con armas pesadas para proteger las escuelas y las instituciones del área.

Realmente fuimos bendecidos ese día, y creo que algunos ángeles milagrosos debieron haber estado cuidando de nuestra familia.

Por un momento, a las 10:30 de la mañana, hubo un alto al fuego, momento en que se iniciaron las negociaciones entre los líderes. Durante ese período de cese al fuego, el ejército francés recorrió casa por casa tratando de encontrar refugiados y de salvar los civiles.

Los soldados franceses nos encontraron y, luego de ver nuestros papeles, nos dijeron que nos llevarían a su base para protegernos. Las negociaciones fallaron y el fuego recomenzó, pero nosotros ya estábamos en el lugar más seguro posible en ese momento.

En la base militar conocimos a una familia de Ruanda, ellos nos explicaron la situación con el ejército francés. En la base nos brindaron asistencia médica, comida y todo lo necesario. Dormimos allí esa noche, en las camas del ejército, y escuchamos las explosiones de las bombas durante toda la noche.

A la mañana siguiente, a las 11:00, nos metieron en un inmenso avión de carga. Entramos por la puerta trasera y nos sentamos en los costados, en el lugar más seguro, donde los soldados suelen sentarse, ya que el avión se sacude y vibra mucho. Los asientos son desmontables para poder cargar tanques y equipo. Tuvimos que dejar nuestros asientos debido a los temblores.

Volamos hacia una base militar en Gabón, en donde el ejército francés y la Cruz Roja se hicieron cargo de nosotros. Mi esposa seguía luchando contra su enfermedad y por momentos no podía respirar. Intentaron ayudarla dándole medicamentos, pero seguía muy mal. Nos quedamos en Gabón unos veintiún días hasta que la guerra terminó. El gobierno de Chad había triunfado contra los rebeldes, así que nos llevaron de vuelta a Chad. El Gobierno organizó la limpieza completa del área y retiraron los cadáveres.

Nuestro hogar estaba dañado. La puerta estaba rota y las cosas por todas partes, comprobamos que había habido vagabundos entrando y saqueando casas.

Nuestra vida volvía a la normalidad bastante rápidamente y reaparecía la tranquilidad otra vez. Nunca más volvimos a aquel lugar en el que nos habíamos escondido esa noche, era realmente traumático. Yo seguía visitando el ANCUR con frecuencia porque el trauma de la guerra y la enfermedad de mi esposa habían vuelto extremadamente difícil y penosa nuestra vida. Continué estudiando para obtener mi título y en 2012 completé mis estudios.

En 2013, nos informaron que el ANCUR había preparado todo para nuestra partida hacia Quebec, Canadá. Estamos tan agradecidos con el ANCUR, con el gobierno de Canadá y con el de Quebec por habernos librado de tantas adversidades y por haberle ofrecido a mi familia la posibilidad de un futuro seguro y feliz.

Cuando llegamos, nos instalaron en un departamento y nos brindaron todo lo que necesitábamos para comenzar nuestra nueva vida. Mis hijos empezaron la escuela inmediatamente y, aunque la lengua francesa aquí es diferente y todo es completamente desconocido para nosotros, estamos adaptándonos muy bien. Mi esposa está terminando su escuela secundaria, haciendo matemáticas, francés y otras materias, y disfrutando la experiencia de aprender con otras personas. La operaron en febrero de 2014 y su salud parece mejorar día a día. Sé que somos afortunados por haber podido encontrar la libertad al fin. Y como somos católicos, creemos que hemos sido bendecidos todo este tiempo.

Es muy difícil acostumbrarse a los meses de frío. Los hijos de algunos inmigrantes y refugiados les han dicho a mis niños que sus narices van a caerse y que sus orejas se quebrarán si se quedan más de media hora en el frío, y por un tiempo tuvieron miedo de que eso les sucediera.

Necesito encontrar un trabajo y, si el gobierno reconoce mis estudios, podré comenzar a trabajar pronto y empezar a tener un mejor ingreso para mi familia. Mi esposa ha decidido estudiar enfermería cuando se recupere, así podrá ayudar a otras personas. Mis niños necesitan computadoras para sus estudios y también necesitaremos un auto, especialmente debido a los duros inviernos de aquí. Tenemos que tomar taxis para hacer nuestras compras y se vuelve caro cuando se hace de manera regular.

Hace poco tuve la posibilidad de ponerme en contacto con una de mis hermanas. Me dijo que mi madre había fallecido por una afección cardíaca en la República Democrática del Congo, pero que nadie sabe bien cuándo sucedió. Es tan entristecedor recordar lo que les sucedió a mis padres durante la guerra y preguntarse qué les habrá pasado a mis otras hermanas.

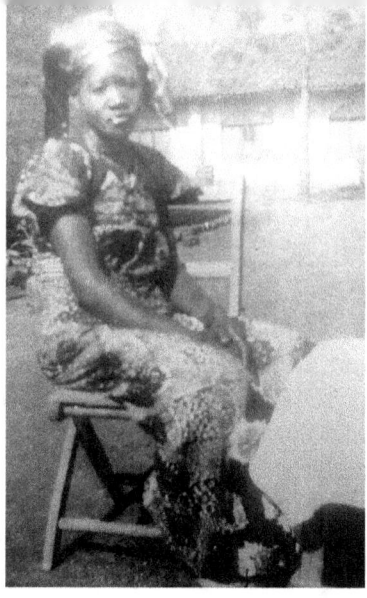

La familia de mi esposa también huyó de la guerra en el mismo momento que la mía, y hace poco ella pudo contactarse con su madre, están a salvo viviendo nuevamente en Kinshasa. Es tan triste haber vivido de primera mano la experiencia de la guerra y saber que, en algunos países del mundo, todos los días mueren millones de inocentes en medio de fuegos cruzados o masacrados por los rebeldes.

Nosotros estamos agradecidos por nuestra libertad y contentos de no haber perdido nunca la fe. Ahora tengo cincuenta y tres años y creo que mi familia tiene un futuro maravilloso, lleno de oportunidades por delante.

Capítulo IX

Relato de Bután

Mi nombre es Rupa. Nací en Bután en 1987. Al momento de nacer, ya tenía dos hermanos mayores, Bikash y Rupesh. Vivíamos con mis padres en nuestro propio hogar, en un pueblo de Bután rural.

No recuerdo mucho de nuestra vida en Bután, la mayoría de mis recuerdos están moldeados por los relatos de mis padres sobre su antigua vida. Mis padres trabajaban transportando fruta y productos agrícolas hacia otros pueblos de la zona.

Cuando la situación de nuestra etnia comenzó a deteriorarse cada vez más en Bután, mis padres se vieron forzados a hacer muchas cosas contra los que intentaban rebelarse. Las autoridades los obligaban a pedir dinero a otras personas y los forzaban a entrar en los huertos de otra gente para robar animales, generalmente gallinas. Yo sé que ellos no querían hacer esas cosas, pero estaban amenazados: o traían las cosas que las autoridades exigían o éstas violarían a todas las mujeres del pueblo, incluyendo a mi madre. Mis padres estaban extremadamente traumatizados bajo esa gran presión.

Como resultado directo de las órdenes del rey, las autoridades gubernamentales nos quitaron nuestra libertad cultural, nuestros valores y nuestras tradiciones. Durante ese período, mis padres se vieron forzados a hablar el idioma oficial de Bután. Ya no nos permitían hablar nuestro idioma nativo, el nepalí, y todo el mundo estaba obligado a llevar las vestimentas tradicionales de la etnia mayoritaria. El precio que pagaba la gente por no obedecer era terrible, un precio que nadie debería tener que pagar: la muerte, y si escapaban de ella, la prisión.

En 1991, cuando yo tenía cuatro años, las condiciones de la minoría nepalesa, que consideraba a Bután como su hogar, se salieron de control. Mis padres no deseaban hablar la lengua oficial de Bután o usar la ropa que estaban obligados a usar, pero a la vez, vivían en constante terror de ser asesinados o violados.

Mi madre había dado a luz a una niña y, cuando la pequeña sólo tenía nueve días, nuestra vida cambió. Al anochecer, con un recién nacido en brazos de mi madre, dejamos la casa y todas nuestras cosas en ella para cruzar la frontera hacia Nepal. Recuerdo la oscuridad, una oscuridad negra como una boca de lobo.

Cuando llegamos al campo de Nepal, había mucha otras personas de Bután que ya se habían instalado ahí. Nos habían asignado al campo de Khudanabari. Ahí comenzamos nuestra nueva vida, en la sección B3, cabaña 99. Como yo era aún muy joven cuando llegué allí, no recuerdo de qué manera este cambio afectó la vida de mis padres. Mis hermanos mayores y yo íbamos a la escuela en el campo. Cuando tenía ocho años, mi madre dio a luz a mi hermano pequeño. Antes de ir a la escuela, y de regreso, ayudaba a mi madre a cuidar de mis hermanos.

Yo tenía una buena relación con mi madre. En nuestra cultura, debemos respetar a nuestros padres y escuchar siempre lo que nos dicen, incluso más allá de los dieciocho años. Yo siempre obedecí a mi madre. La relación con mi padre también era buena, aunque a menudo él salía del campo para trabajar y no estaba mucho en casa. A veces, cuando había buen tiempo y no llovía, se iba por dos o tres meses seguidos.

El resto de nosotros íbamos a la escuela, hasta que Bikash y Rupesh fueron lo suficientemente grandes como para ir a trabajar con mi padre fuera del campo.

Noté que mucha gente en el campo consumía alcohol, eso los relajaba. Mis padres también bebían. No sé a ciencia cierta qué tipo de alcohol era, aunque se veía transparente como el agua. Mi madre tenía problemas médicos graves: un nivel de azúcar bajo y presión alta. Entre más bebía, mayor era el riesgo en que ponía su vida.

Un día, cuando yo tenía trece años, su nivel de azúcar en la sangre era tan bajo que súbitamente se cayó y murió instantáneamente. La recuerdo siempre como una mujer fuerte y alta, pero bebía tanto que su condición se deterioraba y no había esperanzas de recuperación ni de sobrevivencia. Ella era hinduista, pero no teníamos derecho a hacerle un funeral tradicional. Fue un período muy duro para todos nosotros: mi hermana tenía ocho años y mi hermano sólo cinco, así que yo me transformé en su figura materna.

Mi padre tenía cuarenta y tres años en ese momento. Cada vez más presionado para trabajar aún más duro para mantenernos. Mis hermanos seguían yendo a trabajar con él fuera del campo para hacer dinero. Yo me quedaba a cuidar de mis hermanos más chicos.

Cuando mi padre volvía del trabajo se quedaba dos o tres semanas seguidas. Ocasionalmente estaba por un mes o dos, así que, cuando mis hermanos y yo volvíamos de la escuela, él preparaba la cena para todos. Hablaba bastante de mi madre, lloraba cada vez que hablaba de ella. Era evidente que la extrañaba. Nunca se interesó en casarse nuevamente. En nuestra cultura, la gente cree que no es bueno que un hombre vuelva a casarse porque se piensa que una madre adoptiva nunca se ocupará de los niños como si fueran propios, y eso no es bueno para los niños. Consideran que todo se vuelve muy difícil para los hijos. Por todo eso, mi padre decidió seguir solo.

Algunas veces, él salía del campo hacia una aldea cercana para trabajar durante el día y poder volver de noche a estar con nosotros. Pero eso duró poco tiempo. Tomaba mucho cuando estaba en casa, al punto de gastarse todo el dinero en alcohol y no ocuparse de nosotros.

En esa época, mi hermano mayor, Bikash, se enamoró y se casó con una muchacha de la India, lo cual significaba que pasaría mucho de su tiempo con ella.

Mi hermana y yo luchábamos por sobrellevar nuestras propias penas. Luego de la muerte de mi madre, mi padre nos volvió a convertir al cristianismo en lugar del hinduismo. Seguíamos yendo a la iglesia pentecostal levantada en el campo, donde los pastores nos ayudaban a rezar y a hablar sobre nuestra situación. Nuestra fe creció y se volvió extremadamente fuerte, y fue gracias a ella que nos sentíamos mejor cada vez que estábamos mal. Los pastores nos explicaban por qué la vida era así y que la muerte es parte de la vida. Nos ayudaban dándonos comida y nosotros estábamos profundamente agradecidos de tenerlos en el campo.

Nosotros les contábamos sobre nuestro padre y su problema con la bebida y cómo era incapaz de cuidarnos porque gastaba todo el dinero en alcohol. Era difícil para nosotros cuidar de él porque estaba todo el tiempo ebrio. Yo sé que estaba deprimido por tantos años sin mi madre y por el estrés de la situación en la que nos encontrábamos. Yo sé que todo eso había sido muy difícil de manejar para él y que el alcohol le ayudaba a calmarse. El único momento en el que no bebía era cuando tenía que ir a la iglesia y encontrarse con los pastores. Incluso ellos trataron de hablarle y de explicarle que la vida era así y que tenía que ser fuerte para cuidar de sus hijos, pero nada de lo que ellos le decían parecía ayudar. Él continuaba bebiendo y, si en algún momento se cruzaba con los pastores, corría en otra dirección para evitarlos.

Yo estaba a cargo de la casa, cuidando de mis hermanos. Cuando mi padre y mi hermano estaban lejos, lo cual sucedía la mayor parte del tiempo, tenía derecho a tomar su ración de arroz, una bolsa de 5 kg cada quince días. Cada uno en el campo tenía derecho a una bolsa. Así que yo tomaba sus bolsas y las vendía a otras personas, con ese dinero compraba verduras.

A principios de 2008, luego de dieciocho años de vivir en el campo de refugiados, comenzamos a tramitar los papeles para venir a Canadá. Lamentablemente, a mediados de 2008, el problema de mi padre con la bebida empeoró y tuvo que ser trasladado al hospital del campo. Nos dijeron que tenía un problema cardíaco y lo enviaron a un hospital fuera del campo. Falleció tres días más tarde. Del hospital nos enviaron su cuerpo, lo enterramos en el campo.

Nos habíamos quedado huérfanos y sabíamos que necesitábamos una vida mejor. Mi hermano mayor, Bikash, no completó su papeles en Nepal porque quería quedarse con su esposa hindú. Mi hermano Rupesh había conocido a una muchacha nepalesa que estaba a punto de partir para Estados Unidos, así que él partió con ella. Yo era la única persona que quedaba para cuidar a mi hermana, de quince, y a mi hermano, de sólo doce; yo tenía veinte años. Dado que no teníamos padres, nuestro trámite fue acelerado; por esa razón fuimos la primera familia en salir del país hacia Canadá.

No sabía lo que nos deparaba el futuro y sentía gran ansiedad. Algunas personas en el campo nos habían contado historias escalofriantes sobre la vida en Canadá. Nos dijeron que debíamos asegurarnos de cerrar con llave las puertas ya que hombres negros con 'piercings' podían aparecer en nuestra puerta y entrar para hacernos daño. Yo no quería escuchar esas historias porque nos asustaban mucho. Realmente no sabíamos qué podíamos esperar y, sin nuestros padres, debíamos ser valientes. No teníamos dinero para mantenernos, pero teníamos fe en que todo iba a salir bien.

El día que dejamos el campo, sólo había seis familias en total que veníamos de los siete campos. Nosotros éramos los únicos de Khudanabari que partían. Había un autobús esperando para llevarnos al aeropuerto. Mi hermano se hizo amigo de otro chico y se hicieron compañía en el avión, iban sentados algunos asientos detrás de nosotros. Pensé que estaría asustado, pero cuando miré hacia atrás los vi a ambos mirando por la ventana, emocionados por esta aventura de volar por los cielos.

El vuelo fue largo, al llegar a Montreal estábamos exhaustos. Todas las familias estaban igual. Empezamos a caminar por la terminal y de pronto mi hermano comenzó a vomitar. Mientras estaba ayudándolo y limpiando el vómito, mi hermana también empezó a vomitar. El largo vuelo, el cambio de comida y la falta de sueño nos habían afectado a todos.

Durante la primera semana, el personal de inmigración nos llevó a sacarnos fotos para los documentos de identidad, al banco para abrir una cuenta y nos ayudaron a organizar todo lo necesario para comenzar nuestra nueva vida. En la escuela del campo había aprendido inglés básico, pero no francés. Rápidamente nos dimos cuenta de que todos hablaban francés en la provincia de Quebec y que necesitaríamos aprender el idioma.

Después de la primera semana, nos presentaron a una hermosa pareja de jubilados que se ofrecieron a cuidar de nosotros. Eran médicos y nos ayudaron con muchas cosas. Los llamábamos madre y padre. En cuanto el personal de inmigración nos consiguió un departamento del gobierno, nuestros padres vinieron y nos ayudaron a instalarnos en él. Nos sentíamos seguros y cuidados por ellos. Me enseñaron cómo buscar la correspondencia y me explicaron qué papeles necesitábamos completar. Nos ayudaron a instalar la línea telefónica, así podríamos llamar a mi hermano en Nepal. Realmente fueron una bendición.

Una vez solos en el departamento, no podíamos creer lo grande que era. Tenía dos habitaciones, pero estábamos tan asustados por aquellas historias que nos habían contado en el campo, que durante los primeros dos meses dormimos los tres juntos en el mismo cuarto e incluso en la misma cama.

Un día, poco tiempo después, la gente de inmigración volvió para llevarme a Winners, una tienda de ropa, para comprar algo de ropa para mí y para mis hermanos. Estaba seleccionando qué comprar, cuando mi madre y mi padre llegaron con mi pequeña hermana, que lloraba histéricamente. Me dijeron que cuando yo había salido con la gente de inmigración, y ellos se quedaron en casa esperándome, una persona tocó a la puerta. Abrieron, era un muchacho africano de entregas a domicilio, con un 'piercing', que llegó a la casa para entregar una mesa. Cuando mi hermana lo vio, entró en pánico porque creyó que la iba a atacar, tal como en las historias que nos habían relatado en el campo. Mi hermano no estaba asustado, pero como mi hermana estaba aterrorizada y gritaba, mi madre y mi padre tuvieron que traerla conmigo. Ella tenía quince años.

Dos meses después de habernos instalado, mi hermano comenzó a utilizar el otro cuarto. Me informaron que siendo un niño de doce años comenzaría la escuela secundaria. En la mañana de su primer día de clases, mi hermana y yo nos pusimos nuestros abrigos y botas, y caminamos con él hasta el semáforo. Le explicamos que si no cruzaba la calle a tiempo, un auto podía golpearlo, así que debía comenzar a caminar inmediatamente después de que la luz de avanzar titilara. Se dio vuelta y me dijo: "Bien, hermana, quédate tranquila". Tan pronto como vimos que la luz comenzó a titilar, gritamos: "Vamos, hermano, vamos". Esperamos hasta que estuvo a salvo del otro lado de la calle y empezamos a llorar porque nuestro hermano nos dejaba para ir a la escuela. Con lágrimas en los ojos caminamos de vuelta al departamento y allí nos quedamos todo el día esperándolo hasta las cuatro de la tarde, que fue la hora en la que llegó.

Era importante para nosotros vivir a corta distancia de todo lo que necesitamos. No teníamos dinero para comprar un auto y era importante estar cerca de una iglesia. Nuestra madre y padre eran ambos católicos y todos los domingos íbamos con ellos a la iglesia. Teníamos la opción de vivir más cerca de las otras familias nepalesas, lo cual hubiera podido haber arreglado el gobierno, pero nuestra fe en Dios era nuestra prioridad y queríamos estar cerca de la iglesia.

En 2009, después de nueve meses de estar establecidos, comencé a aprender el francés. Fue en ese momento también en que empecé a sentirme muy enferma. Vomitaba con frecuencia, sufría migrañas extremadamente dolorosas y mi rostro y mis pies se hinchaban. Me sentía cansada y la presión arterial estaba muy alta. Un sábado por la tarde, estábamos invitados a una cena en la casa de una familia nepalesa. Llegué allí y enseguida el dolor de cabeza se intensificó y se volvió insoportable. Mis padres me tomaron la presión, tenía la presión muy alta. Cuando regresé a casa comencé a vomitar. Intenté dormir, pero para el domingo por la mañana seguía vomitando. Mi hermano llamó a nuestra madre y ella le dijo que tenía que llevarme a un hospital. En el hospital me hicieron varios estudios y me explicaron que mis riñones estaban dañados tan severamente que habían dejado de funcionar. Me enviaron a otro hospital en Montreal donde me quedé un mes. Lloraba todo el tiempo porque mi pequeño hermano y mi hermana estaban solos en casa, sin mí. Yo era su figura materna ahora y ellos dependían de mí. Después de un mes, finalmente, me dijeron que podía partir, pero que cada lunes, miércoles y viernes debería volver al hospital para llevar a cabo una diálisis. En el hospital me entregaron un buscapersonas (bíper) y me dijeron que estaba en lista de espera para un trasplante, pero que no sabían cuánto tiempo iba a tomar.

Como no podía ir a la escuela y debía quedarme en casa, me aburría muchísimo. La gente me decía que, debido a mi enfermedad en los riñones, no podría hacer nada. No me gusta pensar de esa manera. Hemos llegado de un país donde trabajábamos duro para sobrevivir, en donde no teníamos auto, no había recursos que nos facilitaran la vida, llevábamos grandes pesos sobre nuestras cabezas caminando largas distancias para ir a cualquier parte. No considero que el tipo de trabajo que he visto aquí sea más difícil de lo que yo ya he vivido en mi país. Aquí yo quería esforzarme para poder avanzar hacia el futuro.

Ya hemos estado aquí seis años. Mi hermana se enamoró y se casó con un muchacho nepalés. Ahora vive con su familia en Canadá. Mi hermano mayor Rupesh se casó con su novia nepalesa en Estados Unidos y ahora tiene su hogar allá. Hablamos con mi hermano Bikash, en Nepal, cada vez que podemos. Sólo mi hermano menor y yo seguimos en casa. Él tiene dieciocho años ya y sigue en la escuela. Gracias a la ayuda de nuestros padres, mi hermano pudo obtener un trabajo de medio tiempo en un restaurante de la zona y está feliz con su trabajo. No tenemos demasiado dinero para vivir de manera extravagante, simplemente nos arreglamos con lo que tenemos, pero somos felices y estamos agradecidos por todo lo que la vida nos ha dado.

He estado asistiendo al centro local Le Coffret para participar en el programa "integrarse al trabajo", que dura seis meses, voy cinco días a la semana, de 9 de la mañana a 4 de la tarde. Ir al hospital para mis diálisis se hace bastante difícil cuando hace frío, pero me las arreglo. Sigo yendo al hospital tres noches por semana, cuatro horas cada vez, debido a las diálisis. A menudo estoy exhausta, pero me siento feliz de seguir avanzando hacia un futuro mejor. Me he hecho de amigos y ahora puedo leer, así que la vida es mucho mejor.

Pienso en mis padres y en cómo murieron, y los extraño. Veo cómo los niños les hablan a sus padres aquí y pienso que yo, si tuviera padres tan amorosos como esos, los trataría con mayor deferencia y jamás de esa manera irrespetuosa.

Soy feliz en Canadá. Ahora este es mi hogar. Quizás, un día, cuando tengamos el dinero suficiente, podamos visitar Nepal y Bután, pero por ahora estamos instalados aquí. Desearía tener un donante que pudiera darme un riñón o los dos. Tengo esperanzas de que eso suceda. Mientras tanto, agradezco todo el amor y el apoyo de mi madre y mi padre aquí en Canadá. Quisiera que supieran cuánto significan para nosotros. Los amamos.

Capítulo X

Historia de Mauritania

Mi nombre es Aiden. Nací en 1958 en Kaédi, Mauritania, África. Kaédi está situada en el extremo sur del país, cerca de la frontera con Senegal. Fui criado en la fe musulmana y he estudiado el Corán. He criado a mis hijos en la misma fe y también les he enseñado el Corán. Creo en Dios y en que Él nos ha creado a todos. Creo en Jesús y en todos los profetas. Hay veinticuatro mil profetas en los que creo y sigo las enseñanzas de casi veinticinco profetas. El profeta más importante para mí es Mahoma. Crecí en un hogar en el que se rezaba cinco veces al día. Sin importar lo que estuviéramos haciendo en ese momento, teníamos que dejarlo y concentrarnos en nuestras plegarias. Cubrimos completamente nuestro cuerpo para rezar. Nuestras mujeres no necesitan usar el burka, pero llevan largos vestidos y un tocado parecido a un turbante, que deja sus rostros expuestos.

Dentro de nuestra religión está permitido tener hasta cuatro esposas, pero tener amantes es contra la religión. Mi padre tenía varias esposas, así que yo siempre tuve varias madres alrededor de mí. Cada una trataba a todos los niños como si fueran propios y compartían la responsabilidad de criarlos, tanto a los propios como a los de las otras esposas. Los niños las llamaban por su nombre de pila. Es un concepto de hogar muy distinto al de otras partes del mundo.

Los partos en el hogar son muy comunes en Mauritania, lo que crea el problema de que muchas personas no tienen documentos de identidad y no son registrados a tiempo, por lo tanto, más adelante hay que estimar la edad que esa persona tiene. Con frecuencia termina habiendo errores y grandes diferencias entre la edad real y lo que se registra en el documento. Por ejemplo, yo tengo sesenta y dos años pero según mis papeles, tengo cincuenta y siete. Es difícil poder registrar los nacimientos con precisión cuando varios niños nacen de diferentes esposas a la vez. Muchos de los nacimientos en África se registran como ocurridos el 1º de enero, si es que se desconoce la fecha exacta.

Tengo dos hermanos mayores y uno menor. Mis padres siguen con vida, en Senegal. Mi padre tiene noventa y ocho años y mi madre, setenta y nueve. Ambos están mentalmente muy lúcidos y coherentes, al tanto de todo lo que está pasando. Hablo con ellos con frecuencia. En África, los padres tienen derecho a pegarles a sus hijos por razones disciplinarias, pero mis padres nunca lo hicieron conmigo. Sólo sucedía si alguno de los niños había cometido un acto extremadamente malo.

Terminé mi escuela primaria en África y, cuando tenía dieciocho años, comencé a trabajar como mecánico para una gran compañía. Como otros empleados, cada año rendía un examen, hacía una pasantía en un nivel superior y ascendía al nivel siguiente dentro de la compañía. La empresa se situaba en una región minera y nuestro trabajo era reparar los vehículos de esta empresa. Yo trabajaba con autobuses, taxis, autos, motocicletas, etc. Arreglábamos todo lo que necesitaba reparación. Trabajé para esta compañía por veinte años y llegué a ser el gerente de mi equipo.

Durante ese tiempo vivía en un edificio compuesto por varias casas. Me había casado con cuatro esposas a lo largo de los años y había tenido niños con cada una de ellas. Dormía dos noches con cada una, en su habitación privada. Una de mis esposas era ciega, pero cuidaba de los niños y cocinaba tan bien como las demás. Era ciega desde los cinco años y su condición no podía ser revertida. Ella hacía todo, uno no podía darse cuenta de que era ciega con sólo mirarla porque tenía mucha experiencia y era muy independiente en el cuidado de la casa. De todas formas, siempre nos asegurábamos de que algún niño se quedara con ella cuando yo no estaba ahí.

En 1989 comenzó la guerra en nuestra ciudad. Era un levantamiento de los "moros" contra la gente de raza negra. Era una guerra étnica y el conflicto se extendió a toda la población. El director de nuestra empresa era un hombre blanco, francés, que se preocupaba por sus trabajadores.

Un día, durante la guerra, yo estaba en el trabajo y el director nos explicó que el gobierno "moro" estaba intentando localizar gente de raza negra dentro de su lista. Cuando las encontraba, esas personas eran golpeadas y torturadas. Entonces, el director hizo los arreglos necesarios para que los guardias militares de Naciones Unidas vinieran y cuidaran de sus trabajadores, llevándonos a otra locación. Él era muy bueno con nosotros. Estábamos justo en el medio de la zona de guerra; fue un momento muy duro para todos. Fui torturado durante ese tiempo de guerra, y todos vivíamos atemorizados. Tengo recuerdos tremendos de todo ese período.

Los guardias llegaron con camiones y nos transportaron a una isla, provisoriamente. Cuando llegué, ya había mucha gente de raza negra en la isla. Las Naciones Unidas organizaron todo para que Francia y Marruecos enviaran aviones y nos sacaran de la zona de guerra. Así fue como nos llevaron a Senegal y nos dejaron en un campo de refugiados.

Unas semanas más tarde, mis padres, esposas e hijos tomaron un bote por el río, desde Mauritania hasta Senegal. De ahí, un camión hasta el campo en Senegal.

Vivir como refugiados era duro. Comenzamos nuestra vida en los campos de refugiados. Tuve que mantener a toda la familia. Cada mañana caminaba varios kilómetros para registrar mi nombre con las Naciones Unidas, allí me daban un poco de dinero, que utilizaba para ir a la ciudad a comprar provisiones para la familia. En ese momento tenía tres esposas conmigo y cada una tenía un cuarto separado.

Mis esposas continuaban teniendo hijos, así que me registré para trabajar con unas personas en el sector de la construcción. Nadie les daba a los refugiados un buen trabajo, así que mi trabajo era mezclar cemento y descargar camiones por $2 a $4 por día. Casi no dormía por tantas cosas que tenía que hacer.

A pesar de que mis hijas mayores ya estaban casadas y vivían con sus esposos, con todos los demás niños jóvenes de la familia la situación se volvía más difícil para todos. Finalmente, me divorcié de tres de mis esposas y me quedé con una, la que era ciega.

Conocí a alguien que era propietario de muchas casas, así que arreglé todo para irnos a vivir a otro lugar. Tenía sólo un cuarto, pero estaba cerca de la ciudad. Ahí nos quedamos mientras yo intentaba conseguir un trabajo. Tenía un pequeño huerto con algunos animales y los niños cuidaban de él mientras yo estaba ausente trabajando. Vivimos en Senegal hasta 2008.

Envié una solicitud a Naciones Unidas solicitando que fuésemos enviados a otro país. No teníamos dinero para que los niños fueran a la escuela ni para pagar las necesidades médicas. Perdí cinco hijos que enfermaron con fiebres y demás, sólo porque no tenía dinero para pagar la asistencia médica. Murieron en nuestros brazos. Fue un período de nuestras vidas tremendamente traumático. Los trámites para irnos del país tomaron muchísimo tiempo debido a que tenía muchos hijos con diferentes esposas. No todos los niños tenían papeles y algunas de las fechas de nacimiento debían ser estimadas. Solicité llevarme a todos los niños que estaban viviendo con nosotros en ese momento. Eran diez niños, sus edades andaban entre los cuatro y los diecisiete años de edad.

Mi esposa y yo llegamos a Canadá con diez niños. Era difícil para los mayores porque ellos no habían tenido una verdadera educación. Yo les había enseñado el Corán en casa. Les enseñé a respetar a sus mayores, ya que creo que la gente siempre debe ayudar a las personas mayores cada vez que puedan. Si los niños hacían algo mal se les castigaba, y con todos los que eran en la casa, la casa era actividad permanente donde todo era difícil de manejar. Mi esposa es una mujer muy fuerte, tanto que podía cuidar de diez niños a la vez, aun siendo ciega. Estaba embarazada cuando llegamos a Canadá, pero la bebé murió dos semanas antes de la fecha prevista para su nacimiento. Está enterrada en Canadá.

Me mantengo en comunicación con el resto de mis hijas en África. Quizás, algún día, puedan venir también; a una de ellas le envío dinero para pagar su educación. Nos hemos adaptado aquí muy bien y, cuando encuentre un trabajo seguro, estaré en condiciones de darles a mis hijos lo que necesiten. Por ahora cubrimos nuestras necesidades básicas y nos las arreglamos. Tengo sesenta y dos años ahora, pero en el documento dice cincuenta y siete. Mis hijos tienen un mejor futuro aquí de lo que hubieran tenido en África. Esa era mi motivación más grande para mudarme tan lejos de mi país natal. Necesito concentrarme en alimentar a mi familia y en pagar las cuentas, ya que tenemos muchas bocas que alimentar. Paso mi tiempo enfocándome en lo que vendrá y raramente pienso en el pasado, el cual ha dejado una profunda y pesada cicatriz en mi corazón.

Uno de mis hijos también quisiera compartir un poco de su pasado y de sus aspiraciones para el futuro.

Mi nombre es Bomani, tengo dieciocho años. No fui a la escuela en África ya que tenía que ayudar a mis hermanos con el huerto. Había muchos huertos en los que trabajábamos, uno de los cuales era de mi tío. Me despertaba temprano para sembrar y para ayudar a mis hermanos mayores a cuidar de los animales.

Cuando yo tenía doce años, mi padre me enseñó el Corán. Tenía muchos amigos en África a quienes extraño mucho. Pienso mucho en ellos, especialmente durante las fiestas como el Eid y el Ramadán. Me gustaría estar con ellos, sé que nos divertiríamos mucho.

Poco después de haber recibido la confirmación de nuestro cambio a Canadá, vi por televisión un programa sobre Canadá y mostraron escenas en donde se veía la nieve. Me pareció atractivo en ese momento, pero nunca hubiera imaginado lo frío que es aquí.

Recuerdo cuando estaba en el avión hacia Canadá, al principio tuve miedo porque todos nos habíamos sentado separados, pero más tarde me pareció una experiencia emocionante. La escuela fue una experiencia totalmente nueva y diferente para mí ya que nunca antes había sido estudiante. Hice amigos rápidamente y, aunque practicábamos deportes juntos, no podía hablar con ellos porque yo no sabía hablar francés. Había sólo una señora en la escuela que podía entender mi lengua, Peul, pero fuera de ella, no había nadie que me entendiera. Fue muy difícil integrarme al principio, pero ahora que me he adaptado a la escuela y que estoy aprendiendo francés, todo marcha mucho mejor.

Adoro la música, escribir letras de canciones y cantarlas. Algún día me gustaría ser actor ya que me encanta participar en los campamentos de cine de verano.

Vivo en una casa con ocho niños más, pero no me importa. Ellos no me molestan. Tengo mi propio cuarto y me las arreglo. No tenemos mucho dinero, pero estamos bien. Recuerdo que en África, mis amigos y yo solíamos molestar a mis hermanas menores arruinándoles sus juegos. Ahora soy más grande y ya no hago esas cosas aquí; sin embargo, esos recuerdos me siguen haciendo reír.

Me gustaría volver de visita algún día. Fuimos criados con muchas madres y espero algún día poder volver y ver a mi madre. Me gustaría enviarle dinero, pero primero necesito conseguir un trabajo aquí y terminar mis estudios. Según mis documentos oficiales tengo quince años y, así de frustrante como parece, es un problema común entre los refugiados. Durante la guerra se mezclaban las fechas de nacimiento de tantos niños. Sin embargo, gracias a esto pude completar mis estudios secundarios.

Después de haber sido criado en África y de ver la forma en que vivimos aquí, me gustaría enviar un mensaje a otras personas: todos somos iguales. La gente no debería juzgarme sólo porque soy de raza negra y vengo de África. He enfrentado actitudes racistas, pero las he ignorado. Prefiero escribir mensajes positivos sobre la necesidad de erradicar la ignorancia, los insultos y los prejuicios. Sin todo eso, podríamos vivir más felices. Espero poder transmitir este mensaje a través de mis canciones de amor y de esperanza.

TERCERA PARTE

LINE CHALOUX

La siguiente es la historia de Line Chaloux, la historia de su vida entera. Capturé su historia completa, para demostrar, cómo, a pesar de que muchos de nosotros nacemos en un ambiente amoroso sin estar expuestos a este tipo de traumas, como la comunidad de refugiados, aún podemos crecer determinados a ayudar a los demás, incluso cuando no estamos expuestos profundamente a sus circunstancias trágicas. Line es una inspiración para mucha gente de su alrededor. En cuando lean sobre su historia familiar, verán cómo sus antecesores le influenciaron a ella deseando ser la persona humanitaria y maravillosa que es hoy.

Capítulo XI

Line Chaloux; Primera parte

Mi historia empezó antes de que yo naciera. Estoy sentada en una montaña gigante y al pie de esta montaña se encuentra un valle rodeado de más montañas. De hecho, existe un lugar en la ciudad de Sainte-Adele, en la provincia de Quebec, Canadá, que es igual a este sitio. Estoy con otras personas y me parece que estamos en un gran picnic. Por todas partes brilla una luz acogedora que nos llena de amor. Estoy sintiendo este amor a través de la luz cuando de pronto oigo: "Ahora sí, ya puedes ir". En ese mismo instante, nazco. Estamos a 10 de febrero de 1958 y es como si hubiese escogido ese preciso momento para nacer porque sabía que tenía una misión muy importante que cumplir.

En los años 1700, dos hermanos de apellido Chaloux navegaron de Francia hacia Quebec. Uno de los hermanos se casó con una nativa norteamericana de la Tribu de la Tortuga. Se establecieron en la región de las Laurentidas y allí permanecieron durante muchas generaciones. Mi bisabuela materna, Clara Bourgeois, y su familia fueron los primeros en establecerse en esta región. Ella fue bautizada por el padre Labelle, quien era el cura a cargo de la colonización de Quebec. Toda la familia Chaloux desciende de estos dos hombres. Nuestra familia es grande y la mayoría vivimos en la ciudad de Saint-Jerome, Quebec.

Antes de que yo naciera, mis padres tuvieron tres hijos. El mayor se llamaba Michel y con el paso del tiempo nuestra relación se volvió estrecha y muy especial. El segundo hijo, Alain, murió a los tres meses de nacido y su tercer hijo murió al nacer. En ese tiempo, como no había funerarias, la costumbre era de exponer al difunto en casa. Alain fue expuesto en la salón de casa durante tres días antes de ser enterrado. Cuando su tercer hijo murió, mi madre no pudo soportar verlo en la misma situación, entonces los médicos pusieron al bebé en una caja y la entregaron a mi padre para que pudiese ser enterrado inmediatamente. Fue muy difícil para mis padres perder a dos hijos uno tras otro.

Poco después de la muerte de sus dos hijos, mi madre perdió a su padre, Paul-Emile Lamoureux. Por lo tanto, nunca conocí a mi abuelo materno. Después de todas estas muertes en la familia, mi nacimiento fue considerado como una verdadera bendición. No se me iba permitir morir. Yo era un regalo precioso y todos me mostraban muchísimo amor y cariño, sobre todo mis padres y mi abuela materna, Jeanne Daoust.

Era muy unida a mi abuela Jeanne porque siempre estaba en mi casa y me cuidaba frecuentemente. Se aseguraba que nunca tuviera ni frío ni hambre y nunca tenía que pedir algo porque ya lo tenía a la mano. Desde pequeña, siempre hubo muchas personas cariñosas en mi entorno. Pude desarrollar una gran confianza en mí gracias al amor que me prodigaban. Me consideraba una niña muy afortunada porque sabía que no todos en este mundo tenían una vida como la mía.

Mi abuela Jean y yo

Cuando ya estuve en edad de comprender la muerte de mis dos hermanos mayores, pensé que quizás mi alma había intentado llegar al mundo dos veces sin éxito, como varón, y que sólo lo pude lograr la tercera vez, como mujer. Para mí, no me importaba ser niño o niña.

Yo era una bebita pequeña y mi hermano Pierre, que nació dos años más tarde en 1960, era bastante alto. De pequeños, nos parecíamos tanto que podríamos haber sido gemelos. Mis padres nos vestían casi de la misma manera. Si yo llevaba una blusa y una falda roja, mi hermano llevaba una camisa y un pantalón rojo.

Mi hermana Marie-Josée nació en 1962 y Alain, mi hermano menor, nació en 1967. Cuando él nació, yo tenía nueve años, era guía y llevaba una vida muy interesante. Trataba a Alain como si fuese mi propio bebé; siempre que llegaba de la escuela lo cuidaba. Una vez, a los doce años, me peleé con mi padre sobre una decisión en cuanto a Alain. Él me interrumpió, recordándome que yo no era su madre.

Todavía me río cuando pienso en ese día.

Mis padres nacieron en 1930, se llevan cinco semanas. Siempre se habían considerado como iguales y así nos trataban también. Todos teníamos la misma cantidad de quehaceres, todos sacábamos la basura y todos paleábamos la nieve. Asimismo, mis hermanos me ayudaban a cocinar y a limpiar la casa. Era una linda manera de criar a los niños. Los cinco hermanos llevábamos una relación muy estrecha.

Con mi hermana compartía un cuarto magnífico que mi padre había decorado. También, había fabricado todos nuestros muebles. Las paredes tenían un tapiz con rayas rosadas y blancas y coches de Cenicienta formaban un marco. Nuestras camas de tipo princesa eran de madera y estaban adornadas con figuritas talladas a mano. Me encantaba estar en nuestro cuarto. Era un lugar mágico.

Éramos una familia de clase media y siempre teníamos mucho de lo que queríamos, como por ejemplo nuevas bicicletas, además de todo lo que necesitábamos el día a día. Fuimos los primeros de nuestra calle en tener un televisor a color, un horno moderno y un microondas. En 1962, cuando tenía cuatro años, mi madre participó en un programa que se llamaba Femmes d'Aujourd'hui (Mujeres Modernas). Me encantó verla en la televisión y yo pensaba que cualquiera podía hacer lo mismo. Además, el alcalde era nuestro vecino, lo cual me hacía pensar que cualquiera podía también ser alcalde. En vez de ver los niveles jerárquicos dentro de la comunidad, yo estaba convencida de que todas las personas eran iguales y accesibles. De hecho, pensaba que todo era posible.

Mi padre era vendedor y, debido a su trabajo, viajaba frecuentemente. Lo admiraba muchísimo y me encantaba estar con él. Era un hombre alto y buen mozo que siempre llevaba traje. Él era muy amable y parecía conocer a todo el mundo. He heredado su personalidad, para mí también es muy fácil ser amigable y sincera con los otros. La compañía donde trabajaba mi padre cambiaba su automóvil cada año y, cuando llegaba a la casa con un nuevo coche, tocaba el claxon y todos salíamos corriendo para admirarlo.

Éramos católicos y todos los domingos íbamos a la iglesia en el coche de mi padre. Los sábados por la noche, mi madre nos ayudaba a escoger nuestra ropa, nos bañábamos y pulíamos nuestros zapatos para no estar apurados la mañana siguiente. Después de la misa, almorzábamos con mi abuela materna, Jeanne, y luego íbamos a la casa de mis abuelos paternos, Paul Chaloux y Lucille Therrien, para cenar. Esa era nuestra rutina todos los domingos. Me llevaba muy bien con mis abuelos. En mi opinión, teníamos una familia maravillosa.

Cuando mi padre se iba de viaje por trabajo, mi madre se quedaba en casa y mi abuela Jeanne venía a visitarnos toda la semana. Nos turnábamos para dormir con mi madre o mi abuela. Nos encantaba dormir con ellas porque nos contaban sus historias. A veces, yo iba a la casa de mi abuela y me quedaba todo el fin de semana; entre otras cosas, me contaba historias fascinantes acerca de mi bisabuela, Clara Bourgeois. Mi bisabuela vivía en un gran apartamento en un segundo piso y en el primer piso había una serie de comercios. Una de las tiendas era una lavandería china cuyos dueños eran dos chinos. Ellos no pudieron permanecer en el país mucho tiempo porque en esa época era difícil para los chinos, quienes no eran ni católicos ni cristianos, emigrar a Quebec. Ese apartamento había pertenecido a su madre. Al frente, se encontraba un gran hotel donde muchas celebridades quebequenses se albergaron, pero todo eso ocurrió mucho antes de que yo naciera.

***

Durante muchos años, mis padres formaron parte de distintas organizaciones y las reuniones se llevaban a cabo en nuestra casa. Yo recuerdo tener que empujar los muebles hacia un lado para colocar sillas en la sala. Tenía dos años cuando las reuniones empezaron. El objetivo era de unir a parejas que habían estado separadas, así como familias que tenían problemas. Gracias a esto, desarrollé la convicción de que podíamos ayudar a otros a través de reuniones y discusiones.

En cuanto mi padre comenzó a trabajar como vendedor y a viajar, mi madre lo veía menos seguido. Él le prometió entonces que la llevaría de viaje dos veces al año para compensar el tiempo que había estado lejos de ella. Así fue que, dos veces al año, nos dejaban con mi abuela o a veces con una niñera. Con cada ausencia, nos independizábamos más y más y apreciábamos el tiempo que pasábamos juntos. Aprendimos rápidamente a ser autosuficientes. A pesar de ello, a veces nos sentíamos un poco abandonados, pero sabíamos que estábamos en buenas manos y que teníamos a alguien que velaba por nosotros. Nos peleábamos muy pocas veces, lo cual era raro en una familia de cinco hijos. Era una época feliz en nuestras vidas.

Una vez, cuando tenía más o menos nueve años, mis padres tomaron un crucero y nos dejaron con una niñera. Alain empezó a llorar porque le dolía el oído. Normalmente, lo abrazábamos para consolarlo pero la niñera nos dijo que debíamos dejarlo llorar y que se dormiría. Mi hermano mayor y yo, convencidos de que nuestro hermanito estaba en peligro, decidimos escapar. Tomamos dos autobuses para llegar a la casa de nuestra abuela. Cuando ella abrió la puerta, allí estábamos, sus cinco nietos, diciéndole que habíamos huido de la casa. Ese día, mi hermano Michel se convirtió en mi héroe. Hasta el día de hoy, todavía no sé en donde encontró el dinero para que pudiéramos todos tomar el autobús, pero lo logró.

A lo largo de los años, mi hermano Michel tuvo muchas dificultades. Cuando era joven, sufría de insuficiencia cardiaca. A los veinticinco años, los médicos decidieron operarlo a corazón abierto. Durante una transfusión, recibió sangre contaminada y contrajo hepatitis C. Siempre hubo que llevarlo al hospital para tratar su enfermedad. Odiaba verlo enfermo. Aprendí tanto de él, como por ejemplo me hizo descubrir la música a través de su pasión por los Beatles.

Mi madre tenía un hermano, el tío Jacques. Él fue una persona importante en mi vida, no sólo por haber sido mi padrino, pero también porque siempre me trató como si yo hubiera sido su propia hija. Entre mis padres, mi abuela Jeanne y mi tío Jacques, era como si dos madres y dos padres nos hubiesen criado. Mi tío Jacques trabajaba en Radio-Canada, era homosexual y un hombre muy culto ya que viajaba frecuentemente. Desde pequeños, nos hacía escuchar música, nos hablaba de historia y de las diferentes culturas y religiones que había conocido durante sus numerosos viajes. En ese tiempo, muy pocas personas de Quebec viajaban a China o a Rusia, pero él se lanzaba hacia la aventura porque era muy seguro de sí mismo. Cuando llegaba a un sitio, se las arreglaba para poder conocer más lugares de los previstos. Nos traía ropa, libros y enciclopedias como recuerdos de sus viajes y compartía sus conocimientos del mundo con nosotros. Cuando yo ignoraba algo, llamaba a mi tío Jacques y él me informaba. Nos llevó a Montreal para visitar los museos y nunca dejaba de compartir sus amplios conocimientos con nosotros. Éramos niños muy privilegiados por saber tanto sobre diferentes culturas, sobre todo por que muy pocas familias de Saint-Jerome viajaban en esa época.

Durante mi niñez, hubo tantas personas en mi entorno en quien yo confiaba y que respetaba, y de quien aprendí muchísimas cosas sobre la vida. Es otra razón más por la cual hoy soy una persona fuerte y determinada a encontrar soluciones a problemas.

Toda nuestra vida familiar me parecía perfecta. Nunca vi a mis padres pelearse. Ellos eran una pareja que se amaba mucho. Celebrábamos cada ocasión juntos con nuestros abuelos, quienes nos prodigaban mucha afecto y nos consentían con regalos. Recibíamos como treinta regalos en Navidad. En todos los aspectos, vivíamos en abundancia. Me sentía muy afortunada. Incluso hoy en día, que ya somos mayores, nos vemos por lo menos una vez al mes para celebrar un cumpleaños u otro evento especial.

***

En 1963, cuando tenía cinco años, empecé la escuela primaria en Couvent des Sœurs de la Merci (Convento de las Hermanas de la Misericordia) en Saint-Jerome, una escuela de niñas dirigida por monjas. Esta era la única escuela en donde las niñas se vestían de blanco para hacer su primera comunión. Esta fue la razón por la cual mi madre eligió ese colegio.

En esa época, vivíamos en Saint-Antoine y mi vecino era el encargado de llevarme a la escuela, pero un buen día se mudó. Por lo tanto, a los cinco años y antes de aprender a leer, no me quedaba otra opción que tomar el autobús sola para ir a la escuela. Todos los días, me ponía la mochila y me iba, tomando un autobús y luego otro para llegar al colegio.

Al poco tiempo, conocí a todos los adultos que tomaban el autobús conmigo, tanto a la ida como al regreso. Me hice amiga de ellos. Una mañana, vi a mi chofer habitual cambiar de autobús. Lo seguí y me senté en su autobús porque confiaba en él. Pero cuando me di cuenta de que no estaba tomando el mismo camino de siempre, me puse a llorar. Me había perdido. El chofer me rogó que parara de llorar y me dijo que él me llevaría a la escuela. Cambió su ruta y me dejó en el colegio. Este chofer fue muy amable conmigo y me enseñó que si confío en los otros, siempre llegaré a donde tengo que ir.

La escuela era un internado, pero como yo vivía cerca, me regresaba a casa todos los días. Me llevaba bien con las alumnas del grado superior y ellas me cuidaban como si yo fuera su hermana pequeña. A veces, no alcazaba el autobús de regreso entonces me sentaba con ellas en la cafetería de la escuela y almorzábamos juntas. Me gustaba mucho estar en esa cafetería, se sentía un ambiente de armonía y de reposo. Sentada allí con las otras niñas, pensaba en otros lugares como éste en donde la gente podía reunirse en paz y en amor sin ninguna confrontación.

Fui a ese colegio sólo para cursar mi primer año de primaria, porque me matricularon en otra escuela católica, Sainte-Thérèse-de-l'Enfant-Jésus (Santa Teresa del Niño Jesús) en Saint-Antoine, que quedaba tan cerca de la casa que me iba caminando al colegio. La madre superiora era una mujer muy religiosa y a mí me encantaba estar en esta escuela. Estudié ahí durante los siguientes cinco años.

Durante el tiempo que cursé la primaria, siempre trataba de llegar temprano para ayudar a las profesoras. Hacía las fotocopias o cualquier otra tarea para ayudarles. Debo mucho a esas monjas porque fueron una gran inspiración para mí. Me hice amiga de ellas porque en ese tiempo yo también quería ser monja. Desde chica, estaba convencida de que mi destino era dar lo mejor de mí y ayudar a mis semejantes. Creo en la reencarnación y en mi opinión he llegado a este mundo para llevar a cabo cosas positivas. Antes, creía que la mejor manera de cumplir mis retos era siendo monja. Además, como tenía la sensación de haber intentado llegar a este mundo como niño, pero nací como niña, era como si poseyera a la vez un alma de niño y de niña. No tuve necesidad de estar en una relación hasta más tarde en mi vida.

Cuando mis amigas necesitaban ayuda, se podían quedar a dormir en mi casa y yo las consolaba. Una de mis buenas amigas, Lizanne, tenía la misma estatura que yo, es decir, no era muy alta. Ella era muy deportista pero tenía muchos problemas en casa. Sus padres le habían dicho que ella había sido un accidente, no habían planeado tenerla. Por lo tanto, a menudo se sentía rechazada. Se quedaba a dormir en nuestra casa frecuentemente y participábamos en muchas actividades deportivas durante los años que fuimos al colegio.

Mis padres continuaron teniendo sus reuniones en la casa con gente de la comunidad. Gracias a esas sesiones, a tomar el autobús sola y a mi experiencia con las monjas y las otras alumnas, empecé a definir mis metas de vida.

De niña, me dolían los oídos y mis amígdalas se hinchaban a menudo. Entonces, a los cinco años, mi padre me llevó a una clínica especializada en donde me sacaron las amígdalas. No entendía lo que me pasaba pero mi padre me abrazó muy fuerte. Me sentía tan bien con él. Me pusieron bajo anestesia y cuando me desperté, me sentía confusa. Mi padre me llevó de regreso a casa, me sentía tan adormilada que me llevó en brazos, me sentía como una muñeca de tela en los brazos de mi padre; era muy fuerte y a la vez tan cariñoso.

Tuve que quedarme dos semanas en la casa para recuperarme de la operación. Durante ese tiempo, mi abuela Jeanne me cuidó.

Mi abuela Jeanne con sus audífonos

Durante mi recuperación, mi abuela me contó historias fascinantes acerca de mi bisabuela, su madre, Clara Bourgeois. Durante los siguientes treinta años, sus cuentos siguieron fascinándome. Yo era la única a quien le interesaban estas historias. Mientras que escuchaba lo que me contaba acerca de mi bisabuela, iba desarrollando mi capacidad de analizar situaciones para encontrar las mejores soluciones.

Aunque mi bisabuela Clara falleció en 1948, diez años antes que yo naciera, fue una gran fuente de inspiración para mí y todavía tengo una fuerte conexión con ella. Aparte de su trabajo como partera, también cuidaba a ancianos y moribundos, además de cuidar a sus propios hijos. El esposo de Clara fue jefe de estación en la región de Saint-Jerome durante más de sesenta años. En ese tiempo, la contracepción no existía y la Iglesia católica alentaba a las mujeres a tener un hijo al año, en caso de ser posible. Ella tuvo diecisiete hijos. Un día, le pidió a un cura que anulara su matrimonio porque resultaba que ella y su marido eran parientes. Pero el cura se rehusó y le dijo que siguieran teniendo hijos. Cuando mi abuela me contó esto, entendí la importancia de llevarse bien con los curas para así poder hablar francamente y recibir ayuda para resolver problemas.

Clara participaba activamente en diversas actividades en Saint-Jerome, formaba parte del consejo de administración de tres órdenes religiosas y era presidenta de la Ordre de Saint-François-d'Assise (Orden de San Francisco de Asís), la cual ya no existe. Cada día, después de preparar una enorme olla de sopa para sus hijos, llevaba sopa a las personas ancianas y olvidadas. En esa época, muchos ancianos vivían en casetas abandonadas detrás de casas viejas. Cuando alguien moría, ella lavaba el cuerpo y, si el difunto tenía familia, la ayudaba a hacer su duelo. Esa mujer extraordinaria dedicó su vida entera a su familia y a su comunidad.

En esos días, cuando una mujer estaba a punto de dar a luz, sus otros hijos se iban de la casa para no ver el parto. Normalmente, se quedaban en el establo cerca de la casa hasta que naciera el nuevo bebé. Para explicar lo que estaba pasando, los padres contaban a sus hijos que un nativo de India había venido, había golpeado a su madre y le había dejado un hijo. Este cuento se originó luego de ciertos acontecimientos que ocurrieron durante la época de colonización francesa en Canadá. Muchos franceses no tenían esposas y la Iglesia no permitía que se casaran con nativas norteamericanas, aun si tenían relaciones sexuales con ellas. Si una nativa norteamericana daba a luz a un niño "blanco", el jefe de la tribu lo dejaba a la puerta de la casa del padre de la creatura.

Cerca de la casa de Clara había un camino que iba de la ciudad de Sainte-Therese hasta Sainte-Adele, pasando por Saint-Jerome. Este era usado frecuentemente por personas que no tenían hogar. Los vagabundos se detenían en la casa de mi bisabuela, donde se podían quedar a descansar, dormir y comer. Un frio día de invierno, pasó por la casa una mujer que llevaba medias agujeradas y botas en muy mal estado. Clara sabía que esta mujer nunca llegaría a Sainte-Adele sin que sus pies se congelaran, así que sacó una caja de metal de su armario en donde guardaba los ahorros de la familia. Algunos miembros de su familia le rogaron que no tomara ese dinero porque después les haría faltaría para comprar comida. Pero Clara les contestó: "No, hoy Dios quiere que satisfagamos la necesidad urgente de esta persona y eso es precisamente lo que debemos hacer". Le compró a esta mujer medias y botas, ella le agradeció profundamente y después continuó su camino.

Más tarde ese mismo día, el esposo de Clara llegó a la casa con un paquete de la ciudad de Sainte-Veronique, un pueblo situado más al norte, en la región de las Laurentidas. Durante la época de colonización, el padre católico romano Antoine Labelle (el cura Labelle) había pedido a las familias locales que ayudaran a comprar terrenos. El dinero recaudado sería utilizado para prolongar la ruta que iba hacia el norte de las Laurentidas. La familia de Clara compró terrenos en Sainte-Veronique. La ruta fue prolongada y, muchos años después, la familia pudo vender los terrenos. El paquete que había llegado esa tarde contenía los últimos papeles para finalizar la venta de esos terrenos. De ese momento en adelante, Clara sería rica. Con mucha felicidad y satisfacción dijo a sus hijos: "Ya ven, cuando uno ayuda, Dios arregla las cosas".

La hija mayor de Clara no estaba de acuerdo. Según ella, aun y si su madre no hubiese ayudado a la mujer sin hogar, hubieran de todas maneras recibido este dinero. Pero Clara le respondió: "No, si no la hubiéramos ayudado, no hubiéramos recibido nada. Todo está ligado". Esta historia me enseñó que hay que concentrarse en el presente. Si logro ayudar a alguien hoy, será un buen día, y mañana será aún mejor.

Un día, me contaron otra historia, ésta era acerca de uno de los comerciantes locales que tenía problemas de ratones. Clara le dijo que si él quería deshacerse de los ratones, tenía que venderlos a la mujer sin hogar. Nunca le explicó como la mujer lograría deshacerse de los ratones así que él no le creyó pero sin embargo aceptó intentarlo. Con el dinero que Clara le había dado, la mujer compró los ratones y estos la siguieron cuando se fue hacia el norte. El dueño de la tienda sintió un alivio y alegría enormes. Existe un cuento similar para niños que se trata de un hombre, su flauta y unos ratones, pero esta es nuestra leyenda local de Clara.

Mi abuela Jeanne, una de los diecisiete hijos que tuvo Clara, fue la que más tiempo vivió. A ella le hubiese gustado tener muchos hijos, pero a los 37 años se volvió estéril y sólo tuvo dos hijos, mi madre y mi tío Jacques. Jeanne era una abuela increíble, más que una abuela parecía una hermana o una amiga, pasábamos mucho tiempo juntas. Nunca se sentía obligada a actuar como una figura de autoridad conmigo.

Mis tías abuelas Febrenie, Aurore y Blanche eran monjas (foto superior). A mi abuela le gustaba mucho estar con ellas pero, a pesar de haber sido una mujer muy piadosa, nunca quiso ser monja como ellas. Las tres hermanas venían a menudo a la casa en la Navidad y para Pascua. Eran muy generosas y amables, y yo las admiraba muchísimo. Ellas ocuparon un sitio muy importante en mi vida y eran una de las razones por las cuales había querido ser monja. En las varias fotos que tengo de ellas, hay una persona que se parece mucho a mí, mi madre. Realmente nos parecemos mucho.

Una de las monjas estaba a cargo de un orfanato, la otra cuidaba a los enfermos y la tercera viajaba por el mundo entero como misionera. Sus logros y la energía constante que tenían me inspiraban. Un día, su hermano Henry, encontró unas figuras de porcelana que representaban tres monjas y compró tres de ellas para sus hermanas. Cuando mi tía Febrenie murió en 1966, Henry pintó sus nombres en el dorso de las figurinas y le dio una a mi abuela (foto inferior).

Hoy, soy yo quien tiene esa figura y creo que representa muy bien a mis tres tías abuelas. Mi tía Aurore falleció en 1970 y unos años después murió mi tía Blanche. Las tres me mostraron cómo agrandar mis horizontes para realizar cosas extraordinarias. Me confirmaron que todo es posible.

A mi abuela le gustaba mucho pintar. Cuando era joven, había pintado retratos históricos de nativos norteamericanos, de niños enfermos, de una mujer con su perro y de Napoleón exiliado en la Isla Santa Elena. Tengo algunas de sus obras en mi casa. Jeanne dejó de pintar en 1928, cuando se casó. Me explicó que, más joven, se había enamorado de un hombre cuyo padre era alcohólico. Por lo tanto, sus padres no querían que se casaran, bajo pretexto que el alcoholismo era hereditario. Entonces, a los veintiocho años, soltera y sin interés en otro hombre, sus padres le dieron un ultimátum: o se casaba o se hacía monja. Poco tiempo después, su familia le presentó a un hombre. Sin tomar el tiempo necesario para conocerlo bien, Jeanne se casó con él, aunque no fuera el amor de su vida. Tuvo dos hijos casi inmediatamente y se dedicó a criar a sus hijos y a trabajar en las tiendas de su esposo. Por lo tanto, tuvo que dejar de pintar. Nunca conocí a su marido porque murió algunos meses antes de que yo naciera.

Una pintura realizada por mi abuela Jeanne

Un día, mi padre nos llevó al monte Laurier donde había alquilado una cabaña. Mi abuela Jeanne, que nos había acompañado, siempre sonreía cuando estaba con nosotros, sus nietos. Estábamos sentados juntos a la mesa para tomar jugo fresco cuando éste se derramó en la mesa. Mi abuela Jeanne echó una mirada alrededor para asegurarse de que mis padres no podían vernos y, con una pajilla, ¡se tomó el jugo directamente de la mesa! Nos reíamos tanto cuando estábamos con ella. Ella era a la vez un pilar de la familia, una hermana mayor y una bromista que siempre le encantaba divertirse con nosotros.

Jeanne era muy creativa y le gustaba coser. Si yo quería un vestido, se lo dibujaba en papel y ella me lo cosía. Mientras tanto, yo la miraba trabajar y fue así como aprendí a coser. También me enseñó a dibujar y a pintar. Mi abuela vivió durante muchos años con su hermana Imelda. Tenían una relación muy estrecha, así como mi hermana y yo. Me acuerdo que mi hermana y yo discutimos la posibilidad de vivir juntas un día, cuando fuéramos mayores, porque veíamos lo lindo que eso era.

La primera muerte que tuve que enfrentar en mi vida fue en 1964, cuando tenía casi siete años. Mi abuelo paterno había estado trabajando y, cuando regresó a casa, encontró a mi abuela Lucille muerta en la cama. Alguien nos dijo que se veían huellas de lobo en el alféizar de su cuarto y creímos que eran los lobos que habían venido a comérsela. En realidad, mi abuela murió de un infarto. Ese fue un periodo muy difícil para nosotros porque éramos una familia muy unida. El siguiente día, había llorado en la escuela y mi profesora me reprendió, diciéndome que no se debía llorar cuando nuestras abuelas fallecían. Yo me imaginé que ella seguramente no quería a nadie, porque cuando uno pierde a sus seres queridos es normal sentir dolor. Ya no vería a mi abuela los domingos para la cena ni durante las fiestas de año nuevo.

La noche anterior a su entierro, se llevó a cabo la primera ceremonia en la funeraria. El ataúd estaba abierto para poder despedirnos de nuestra abuela. Pero cuando mi hermanita se agachó para besar a mi abuela en la mejilla, se cayó dentro del ataúd. Esto causó una gran conmoción Nos miramos unos a otros, incrédulos, y después fuimos a rescatar a mi hermana y sacarla de allí. Hoy, me río cuando me acuerdo de ese instante, pero en ese momento todos estaban de duelo y con un humor muy sobrio. Éramos muchos niños en la funeraria y, como niños típicos, jugamos a las escondidas todo el día. El funeral tuvo lugar en la iglesia, lloramos mucho, aunque sabíamos que nuestra abuela estaba en el cielo porque había sido una muy buena persona. Cuando mi padre perdió a su madre dijo que él también quería morir rápidamente, a los 64 años, para que nadie tuviera que cuidarlo.

Éramos unos veinticinco chicos en el barrio y nos gustaba jugar en el río que pasaba por mi casa. Un día en el que hacia más calor de lo normal y estábamos jugando encima del hielo, éste se rompió de pronto y nos caímos al agua. Afortunadamente, el río no era muy profundo en ese lugar así que simplemente salimos del agua, riéndonos. Pero rápidamente algunos de los niños dejaron de reírse, tenían miedo de ser castigados o golpeados por sus padres. Traté de explicarles que no era culpa de nadie si se habían mojado, pero no logré consolarlos. Yo no temía a nadie. Quizás, durante un corto instante, pensé tenerle miedo al Papa pero, en realidad, ni siquiera Su Santidad me asustaba. Nadie me iba a prohibir hacer lo que yo quisiera hacer.

Esa actitud, la heredé de mi madre, una mujer católica y cristiana que formaba parte de muchas asociaciones benéficas, como el consejo de la escuela y la comisión escolar. Hasta el día de hoy trabaja como voluntaria en la iglesia, leyendo la biblia y dando la comunión. Siempre me recalca que a ella nunca le han dicho lo que tiene que hacer. Otro hecho que me marcó es el que mis padres nunca hacían promesas que no podían cumplir.

Cuando tenía nueve años, mis padres nos llevaron a Montreal para ver la exposición internacional Expo 67. Mi madre estaba embarazada de Alain. Mi hermana, Marie-Josée, era muy chiquita y no pudo acompañarnos. Fue más o menos en esa época que el metro fue inaugurado pero nosotros no sabíamos cómo funcionaba. Estábamos parados, esperando en la plataforma, cuando llegó el tren y las puertas se abrieron. Mi madre entró en el vagón con Michel y Pierre, ¡y las puertas se cerraron detrás de ellos! Mi padre y yo nos habíamos quedado en la plataforma mientras el tren empezaba a moverse. Frenéticamente, mi padre intentó hacerle señas a mi madre para decirle qué hacer. Ese día, pensé que nunca más vería a mi madre. Mi padre y yo nos subimos en el próximo tren y nos encontramos poco tiempo después con mi madre y mis hermanos. Nuestra primera experiencia en el metro fue un fracaso. Aun así, fue una experiencia bastante cómica.

Capítulo XII

En 1969, el gobierno decidió construir un aeropuerto en la ciudad de Mirabel. Nuestras casas fueron expropiadas, es decir, el gobierno se apoderó de nuestras propiedades tras una compra obligatoria. Muchas personas decidieron mudarse ya que no sabían qué pasaría en el futuro. Cuando esas familias se mudaron, perdí a muchos de mis amigos.

Sin embargo, nosotros no queríamos mudarnos. Nos quedamos ya que teníamos la opción de alquilar nuestra casa al gobierno. Nos dijeron que el nuevo aeropuerto crearía empleos en la región. Pensé que, si eventualmente pudiera trabajar en el aeropuerto, me sería útil hablar varios idiomas. Decidí entonces concentrarme en aprender otras lenguas.

***

En 1971, empecé la secundaria en la escuela Frenette. El año anterior, debido a una reestructuración del sistema escolar, algunos estudiantes que tenían muy buenas notas saltaron el sexto año para pasar directamente a la secundaria. Mi madre me dijo que yo era muy joven y no aceptó que me pasaran a la secundaria con mis amigos. Me sentí muy decepcionada por su decisión; no quería separarme de mis amigos.

En ese tiempo, estaban ocurriendo muchos cambios en el sistema educativo. Muchos curas y monjas dejaron de enseñar y fueron remplazados por profesores laicos. Mi escuela secundaria estaba dividida en tres secciones, cada una en un edificio distinto. La escuela tenía reglas muy estrictas en cuanto a la ropa que uno podía llevar. Pero mi madre formaba parte del consejo de la comisión escolar y un día me habló de una decisión que había sido tomada durante la reunión de la comisión, esta decisión permitiría más flexibilidad en el código de vestimenta. Al siguiente día, fui a la escuela con pantalones cortos. El profesor me gritó y me mandó a la oficina del director, quien me dijo que los shorts estaban prohibidos. De cierta manera me burlé de sus objeciones porque yo sabía que tenía derecho de llevar shorts. Mi madre me había informado del cambio a la política de vestimenta antes de que a las figuras de autoridad de la escuela se les hubiera informado. Mi director hizo algunas llamadas y por fin se dio cuenta de que yo tenía razón. En este caso, yo simplemente había implementado una nueva política inmediatamente y por lo tanto, tenía permiso de quedarme con mis shorts. Nunca he tenido miedo de enfrentar los obstáculos.

El siguiente año fui a la escuela Marchand, donde me dediqué a los deportes. Entrenaba antes y después de mis clases y participaba en competiciones regionales de gimnasia, en las barras asimétricas así como en carreras de obstáculos. Obtuve el primer lugar en Saint-Jerome y me mandaron a los campeonatos provinciales de Quebec, donde clasifiqué en cuarta posición. Sin embargo, me sentía humillada por no haber ganado una medalla ni haber ocupado un sitio en el pódium. Decidí abandonar por completo los deportes porque mis esfuerzos habían sido en vano. Decidí concentrarme en otras cosas.

***

A partir de 1973, fui a la escuela Polyvalente para cursar los grados tres, cuatro y cinco de la secundaria. Mi hermano Michel, que estaba en el grado cinco de secundaria, iba a la misma escuela y todos sus amigos me acogieron y me cuidaban como si yo fuera hermanita de ellos también. Me encantaba toda la atención que me daban y me sentía muy afortunada de poder comer y divertirme con ellos.

Una nueva familia se mudó a nuestra calle, uno de los chicos de esta familia se llamaba Normand. Nos hicimos amigos y mi padre lo invitaba a menudo a que cenara con nosotros. Era homosexual pero a nosotros no nos importaba. Él terminó siendo como uno más de la familia y nos gustaba cuando venía a visitarnos. Hasta el día de hoy, seguimos muy unidos y nos vemos frecuentemente.

Cuando yo tenía catorce años, mi padre quiso que mi hermano Pierre se alistara en el ejército, como él lo había hecho de joven, porque según él esto sería bueno para que mi hermano aprendiese sobre la disciplina. Yo estaba furiosa porque acababa de pasar tres días en un parque en Saint-Jerome haciendo una huelga de hambre para protestar contra las tropas que estaban mandando a Vietnam. Llevábamos pancartas que promovían la paz mundial. Hasta el obispo, que apoyaba nuestra huelga, había venido a vernos para asegurarse de que no nos estábamos muriendo de hambre. Estaba molesta con mi padre; no quería que mi hermano fuese enviado a pelear en una guerra debido a lo que yo consideraba ser una decisión estúpida de parte de políticos americanos. En mi opinión, teníamos que promover el amor y la paz en el mundo, no la guerra.

El año 1974 fue muy diferente para mí en la escuela porque Michel y sus amigos se habían ido. Mi hermano empezó a trabajar en una empresa que cableado eléctrico y más adelante se casó con una mujer muy linda. Pocos eran los que se casaban en esa época. Por mi parte, no sabía si quería casarme y todavía pensaba en un día ser monja. Pero como cuidaba a mi hermano Alain cada día después de la escuela, soñaba con tener mis propios hijos. Sabía que no podría hacer las dos cosas a la vez. En ese tiempo, se escuchaba hablar de muchas mujeres que tenían abortos y no entendía por qué. En la escuela, escribí un ensayo sobre un feto que había sido abortado. Su alma estaba en depresión porque le habían negado la vida. Todos los debates acerca del aborto me confirmaron que dentro de mí estaba el deseo de tener hijos.

Como se habían terminado mis almuerzos sociales con mi hermano y sus amigos, me interesé en cosas más responsables tales como el Conseil mondial de la Jeunesse (Consejo Mundial de la Juventud) y los Jeunes du Monde (Jóvenes del Mundo), dos organizaciones distintas pero parecidas. Estábamos involucrados en varias actividades pastorales para estudiantes y también planeábamos viajes con nuestros amigos para encontrarnos con jóvenes de otras partes del mundo. El Consejo Mundial de la Juventud se originó en Taizé, Francia, donde estaba situada la Iglesia San Francisco de Asís. Este grupo también había establecido filiales en Saint-Jerome, Quebec, Sherbrooke y Nueva York. Nos reuníamos para rezar y tratar de encontrar soluciones para mejorar el mundo.

Mi participación en estas asociaciones me abrió muchas puertas. Además, muchos de mis amigos también estaban involucrados en ellas. Los curas jóvenes de nuestra escuela querían crear un grupo que reuniría a alumnos cristianos católicos. Pasábamos mucho tiempo juntos, reuniéndonos en un aula y organizando actividades como, por ejemplo, una recaudación anual de fondos que se llamaba

La Marche du Tiers Monde (Caminata para el Tercer Mundo). Todo el dinero que recaudábamos se utilizaba para ayudar a los países del tercer mundo. En otra ocasión, hicimos un mural enorme para la escuela. Nos juntamos en un aula, pusimos música y empezamos a pintar en un ambiente positivo y dinámico. Y como siempre estábamos acompañados de un cura, nadie se burlaba de nosotros o nos desmotivaba con críticas o negatividad.

Ese invierno, formaron otro grupo cristiano llamado Les Quatre Saisons (Las Cuatro Estaciones) que practicaba actividades al aire libre como, por ejemplo, excursiones al monte Tremblant. Junto con unos curas, nos fuimos en dos autobuses para hacer senderismo en el bosque con raquetas para la nieve. Estas salidas eran muy constructivas y permitían que se desarrollaran lazos entre todos los miembros.

La primera vez que viajé sola con mis amigas Francine, Lyne y Marianne fue en 1974 cuando tenía dieciséis años. Nos fuimos a Quebec para la Superfrancofête (Súper Fiesta Francófona), una fiesta internacional para jóvenes. Nuestro plan era dormir en la Isla de Orleans, pero cuando estuvimos en el autobús en ruta hacia la isla, decidimos bajarnos en Quebec para acampar en el sitio mismo de la fiesta, en las Llanuras de Abraham. Pero, una vez en el sitio, nos dijeron que estaba prohibido acampar. Estaríamos sin hogar por unos cuantos días. Una mujer que nos había visto nos invitó a instalar nuestras tiendas de campaña en su patio. Armamos nuestras tiendas de campaña y comentamos lo afortunadas que éramos, hasta que empezó a llover tan fuerte que todas nuestras cosas se empaparon. Corriendo, tratamos de refugiarnos bajo los edificios de la universidad cercana y ahí encontramos corredores subterráneos, el único lugar seco que encontramos para poder dormir. Fue una aventura increíble y nos divertimos mucho, sin necesidad de tomar alcohol ni drogas. Nos entreteníamos de manera pura y limpia.

A lo largo de los años, tuve muchas buenas amigas como Francine, Marianne y Chantal. Francine, que había sido mi vecina, un día cambió su nombre por Colombine. Un día, se fue a Europa y cuando regresó muchos años después se había casado con un francés. Ya no la veo tan seguido. Mi amiga Marianne venía de una gran familia, le gustaba pintar y teníamos muchas cosas en común. Trabajamos juntas en el auditorio de la escuela porque nos encantaba la música. Además, así podíamos conocer a los artistas después de los conciertos. Nos sentíamos privilegiadas. Chantal vivía en el sector de Saint-Janvier y era la más joven de una familia de sólo hijas. Estaba un poco celosa de ella porque ella sí tenía hermanas mayores quienes le enseñaban muchas cosas.

En otra ocasión, fuimos a Nuevo York para una actividad organizada por el Consejo Mundial de la Juventud. Ahí, nos encontramos con gente de todas partes del mundo. El objetivo del evento era desarrollar una mejor comprensión sobre otras culturas y discutir las estrategias de ayuda mundial. Participamos en muchas actividades que habían sido organizadas para poner fin a los prejuicios. Nuestro primer día, nos pusieron en equipos de dos con una persona de otra cultura, religión, color de piel e idioma. A mí me tocó estar en equipo con un joven africano que era protestante. Pasamos el día entero discutiendo de todo y de nada. Estas experiencias fueron muy unificadoras y enriquecidas.

Mis amigos y yo viajamos mucho durante esta maravillosa época de mi vida.

***

En 1975, empecé a tomar clases de teatro y formé parte del grupo de improvisación en la escuela. Otro miembro del grupo, Robert, era el chico que yo consideraba ser el más guapo de la clase. Una de nuestras tareas durante el verano era inventar una pieza de teatro y presentarla en varios lugares de Quebec. Mi padre no quería que participara en el proyecto porque sabía que Robert también estaría presente. Traté en vano de convencerlo de dejarme ir, ya que todo el grupo iba a participar, pero me dijo que era muy joven para estar lejos de la casa tanto tiempo. No me gustaba que me impusieran limitaciones, entonces pensé que cuando me casara, tendría toda la libertad que deseaba.

Ese verano, mis padres se fueron de viaje a México. Mi padre había estado teniendo problemas con su arteria pulmonaria y le habían aconsejado pasar un poco de tiempo en un clima más cálido, descansar en la playa y respirar aire marino. Así que, al inicio de

1976, mientras que mis padres estaban de viaje, Robert y yo decidimos casarnos. Tenía diecisiete años cuando me pidió que me casara con él y dieciocho cuando nos casamos. Cuando mis padres regresaron de México, les anuncié que me había comprometido. No lo podían creer. Una semana después, Robert y yo nos casamos. Antes de la boda, mi padre me había preguntado si quería dinero para casarme por la iglesia o para mi luna de miel. Para agradecerle todo lo que había hecho por mí a lo largo de mi vida, elegí el matrimonio en la iglesia.

La ceremonia se celebró en la Iglesia Católica de Saint-Antoine el 6 de marzo de 1976 durante una tormenta de nieve. Llevaba un vestido blanco con una gran capa de piel porque hacía mucho frio. Por ser tan joven, lucía más bien como si estuviese haciendo mi primera comunión. La recepción después de la boda fue un banquete con toda mi familia. Fue un día muy lindo. Habíamos alquilado una suite nupcial en el pueblo de Val-David pero nos perdimos en el camino debido a la tormenta. Terminamos alquilando un pequeño cuarto en un motel.

Estaba tan feliz; estaba empezando una nueva etapa en mi vida. Robert y yo habíamos terminado la secundaria, pero no tuvimos baile de graduación porque los profesores habían estado en huelga. Nos sentíamos como si no hubiésemos terminado la secundaria formalmente. Nuestros días de escuela simplemente se acabaron.

***

Robert y yo alquilamos un apartamento en Saint-Jerome. Yo era la primera entre mis amigas en casarse y me sentía un poco apartada de ellas. Mi amiga Lyne se mudó a Vancouver, mientras otras se mudaron a Montreal para avanzar en sus estudios o progresar en sus carreras.

Quedé embarazada un año después de la boda. Todos estaban muy contentos por nosotros porque sabían a qué punto quería tener un hijo. Mi hermano Michel ya tenía uno y yo lo cuidaba mientras que Robert se iba a trabajar a Lumen, una empresa distribuidora de material eléctrico.

Una noche, me desperté con un sentimiento extraño. Mis contracciones se estaban produciendo cada dos minutos. Robert llamó a un taxi para que nos llevara al hospital y, en su entusiasmo, le pagó casi el doble de la tarifa al chofer. Cuando llegamos al hospital, ya estaba a punto de dar a luz. La enfermera me pidió que no pujara más porque necesitaba avisar al médico para que me inyectaran la anestesia epidural. En 1977, ésta era obligatoria aun si la mujer no lo deseaba. Le dije a la enfermera que no podía dejar de pujar, ya la cabeza del bebito estaba casi afuera y podía ver su cabello negro. El doctor llegó de prisa y me dio la epidural al mismo tiempo que nació el bebé. Fue un parto muy fácil y no sentí casi ningún dolor.

Me sentí muy feliz al ver a mi primogénito por fin. Me sentía como si fuera imposible dar a luz a algo tan perfecto. Ese niño era mi pequeño milagro y me sentía muy afortunada. Lo llamamos Mathieu y empecé a amamantarlo inmediatamente. Me quedé tres días en el hospital.

Pierre, mi hermano pequeño, todavía iba a la escuela Polyvalente así que venía a casa durante su hora de almuerzo para jugar con el bebé. Era una época muy feliz para nosotros, aunque a veces, me sentía muy joven para tener un hijo. A pesar de todo, a los diecinueve años estaba feliz con mi vida.

Un día, una amiga me dijo que estaba embarazada pero que no estaba lista para tener un bebé. Tampoco quería un aborto entonces decidió darlo en adopción. Me hizo muchas preguntas en cuanto al dolor que había sentido durante el parto. Yo le contesté que había sido algo muy fácil. Pero su parto fue muy difícil. Me llamó después, acusándome de haberle mentido ya que ella había sufrido terriblemente. Recuerdo haberme reído, afortunadamente mi experiencia no había sido como la de ella.

Un día, un hombre que Robert y yo conocíamos nos pidió de favor cuidar su casa. El gobierno había comprado su casa de campo y él la había alquilado. Buscaba a alguien que pudiera vivir ahí y cuidar sus equipos de agricultura y sus bienes para que nadie se los robara mientras él estuviera fuera. No nos cobraría ningún alquiler. Esta era una excelente oportunidad para nosotros así que nos mudamos cuando Mathieu tenía nueve meses. La casa era muy grande, situada en el fondo del bosque en la calle Marguerite Lane, en Mirabel. Estaba rodeada por campos y el jardín tenía un kilómetro de largo. Me encantaba estar ahí y además podía visitar a mis padres en Saint-Antoine frecuentemente.

Mathieu y yo en Cavendish en 1978

Mi hermano Michel había bautizado a sus hijos, pero como yo no le tenía mucha confianza al cura, temía que le hiciera algo raro a Mathieu y decidí no bautizarlo.

Al poco tiempo quedé embarazada por segunda vez. El 30 de agosto de 1979, el bebé todavía no había nacido. Era como si no quisiera salir al mundo. Nos fuimos al médico, quien nos dijo que ya tenía una dilatación de cinco centímetros y que deberíamos prepararnos para la llegada del bebé. Regresamos a casa, preparamos nuestras maletas y dejamos a Mathieu en casa de mis padres. Robert me llevó al hospital y el médico intentó provocar el parto para que las contracciones empezaran. Fue un parto muy largo y doloroso. Sufrí mucho esta vez y me acordé de mi amiga y de su parto que había sido tan difícil. Ahora comprendía por completo como se había sentido ella.

Nació mi segundo hijo, un niño hermoso. Él también era perfecto y valía cada momento de dolor que había sentido. Lo llamamos Jeremé. Estaba tan contenta con mis dos hijitos y quería tener más. Pero, en 1980, fui a ver un médico porque no me sentía bien. Me dijo que tenía los mismos problemas médicos que mi abuela había tenido y que ya no podría tener más hijos. Estaba devastada. Además, necesitaría una cirugía dolorosa y, luego de ella, sería estéril. Pensaba constantemente en eso y me puse a contemplar la posibilidad de un día adoptar niños.

***

Cuando se venció el contrato de arrendamiento de la casa, el dueño no quiso renovarlo con el gobierno porque había comprado un terreno en la municipalidad de Bellefeuille. Ahora necesitaba encontrar un agricultor para el nuevo contrato porque el terreno había sido clasificado como tierra agraria. No podríamos seguir viviendo ahí porque no éramos agricultores. La idea de tener que mudarnos de la casa me llenaba de pánico, entonces me fui a la casa de mis padres para contarles la mala noticia. Allí fue cuando me acordé de la casa que estaba cruzando la calle, una casa que me había agradado tanto visitar cuando era niña. La casa tenía una energía, un alma, muy especial. Desde chiquita, había soñado vivir en esa casa; hoy, esa casa es mía.

Todas las casas de esa región habían sido compradas por el gobierno muchos años antes. Ahora, eran administradas por la Agencia Canadiense de Inmuebles. Los antiguos propietarios se quedaban en sus casas bajo un contrato de arrendamiento. Fui a hablar con el jardinero de la casa, un hombre muy amable que cuidaba los animales de la granja y a las especies de árboles raros que habían sido plantados por el propietario original. Le conté nuestra situación y le expliqué a qué punto me hubiese gustado vivir en esa casa.

Pasaron unos días y el jardinero me llamó. Me dijo que tenía que mudarse a la municipalidad de Sainte-Sophie porque ya no podía tener animales de granja en esa parte de Saint-Jerome. Le pedí que no informara a la Agencia que se iba a mudar; yo quería mudarme a esa casa con mi familia. Aceptó, pero el contrato se quedó a su nombre. Robert, mis hijos, mi hermano Pierre y yo nos mudamos a esta casa. Unos meses después, fui a la Agencia Canadiense de Inmuebles para pedir un nuevo contrato de arrendamiento, ya que yo era quien estaba viviendo en la casa. Pero me dijeron que no teníamos el derecho de vivir allí y que tendríamos que mudarnos. Me explicaron que había una lista de espera, la cual incluía a consejeros municipales y a policías, entre otros, y que era imposible para mí alquilar la casa. Les contesté que no era mi culpa si el gobierno había desalojado a mis padres de nuestra casa familiar, y que por lo tanto tenían la obligación de encontrar un sitio para mi familia ya que yo era una víctima de esta situación. Les expliqué que yo había encontrado la casa y que ahí me quedaría. Nos presionaron mucho para que nos mudáramos pero mi padre estaba muy involucrado en la política y logró efectuar unos arreglos con ciertos funcionarios y terminamos obteniendo un contrato de arrendamiento seis meses después. Pierre vivió con nosotros en esa casa durante un año.

Ese mismo año, en 1980, todavía sentía muchas ganas de tener más hijos, entonces decidí abrir una guardería en mi casa. De esa manera, podría cuidar a mis hijos y trabajar al mismo tiempo para ahorrar dinero para el futuro.

En esa época, Mathieu tenía tres años. Él tenía una cajita en su cuarto donde ponía todas sus cosas valiosas. Un día, le pregunté porqué su cajita era tan chiquita. Me dijo: "Porque en el ejército, no se puede tener muchas cosas". Como era tan pequeño, su comentario me molestó mucho. Le dije que no lo había traído al mundo para que se alistara en el ejército y que luego lo mataran en combate. Me contestó, con una voz firme: "Mamá, es mi vida. Discúlpame, pero me voy al ejército".

En 1981, me involucré en Youth House (Casa de los Jóvenes), una organización que ayudaba a adolescentes con problemas. Pasé mucho tiempo con una adolescente y me di cuenta de que yo necesitaba aprender más sobre los problemas que estos jóvenes enfrentaban. Decidí matricularme en la universidad y estudiar intervención psicosocial. En 1982, me aceptaron en la Université du Québec à Montréal (Universidad de Quebec en Montreal, UQAM). Cuidaba a los chicos de día y estudiaba de noche. Había un campus de la UQAM en Saint-Jerome, así no tenía que viajar hasta Montreal para tomar mis clases.

En 1983, mi abuelo paterno murió. Se enfermó gravemente y ya no podía comer, pero no me acuerdo cuál fue la razón exacta de su muerte. Estuve contenta de que no hubiera sufrido por mucho tiempo. Nuevamente, la familia pasó por un periodo triste. La noche de su muerte, soñé que mi abuelo venía a verme. Me dijo que quería que salváramos el 'pequeño río de Saint Antoine' para todas las almas en pena. Me explicó que había muchas almas que se habían perdido en camino hacia la luz y ahora necesitaban un lugar para reflexionar y aceptar el hecho de que habían fallecido. El parque era la última zona virgen en Saint-Jerome y era importante que se conservase como refugio. Esto ocurrió al mismo tiempo que el gobierno permitió que los terrenos que habían sido expropiados volviesen a ser comprados por sus dueños originales. Mis padres compraron su casa de nuevo, pero los parques permanecieron propiedad del gobierno. La ciudad de Saint-Antoine compró el parque para poder convertirlo en zona industrial.

Fui al consejo municipal para pedir que protegiesen el parque. Me dijeron que ya se habían presentado los planos para construir una zona industrial y desviar el agua del río hacia una tubería subterránea. La zonificación del área debería ser cambiada, y para eso necesitarían pasar por un proceso de consulta pública. Por lo tanto, los ciudadanos podrían presentar objeciones o apoyo; yo les presenté mis objeciones. Preparé una lista de argumentos en contra del desarrollo propuesto. Mi argumento principal se basaba en el hecho de que ésta era la última área verde y que, si se desviaba el río, el río más próximo estaría en otra municipalidad. También, les mostré informes de tráfico y les expliqué que la calle actual que bordeaba el parque estaba compuesta de seis carriles. Había tanto tráfico en esta calle que ya habían ocurrido algunos accidentes con consecuencias fatales.

Al demoler el parque, mis niños, así como todos los otros niños del barrio, estarían obligados a cruzar la autopista para acceder a otro parque que se encontraba mucho más lejos. Obviamente, el consejo no quería ser responsable de la muerte de uno de estos niños, entonces me invitaron a presentar mis preocupaciones en persona durante la siguiente reunión del consejo. Llegué a la reunión acompañada de doce lindos niños con caritas inocentes, los consejeros no podían dejar de verlos. Me escucharon, y me sentí tan bien de haber tenido la oportunidad de expresar mi opinión.

En 1992, muchos años después de esa reunión del consejo, modificaron la zonificación del parque para que fuese un lugar protegido. Fue una victoria para nosotros. Hoy en día, es un maravilloso parque comunitario con magníficos jardines y senderos pedestres. A lo largo del proceso, sentí que mi abuelo me había acompañado. En los últimos años, hemos organizado varios eventos comunitarios en el parque, junto con nativos norteamericanos. Se establecieron algunos lugares seguros para tener pequeñas fogatas donde la gente puede divertirse y convivir. Organizamos ceremonias sagradas durante las cuales los nativos norteamericanos encendían una fogata y, cada vez que esta ceremonia se llevaba a cabo, aparecían águilas que volaban por encima del fuego hasta que se apagaba. Era un espectáculo increíble y las águilas sólo venían cuando los nativos norteamericanos estaban presentes.

Yo creo que he heredado mi compromiso social y mi sentido de responsabilidad comunitaria de mi bisabuela. Siempre he deseado luchar por causas que son importantes y por encontrar soluciones.

Después de la muerte de mi abuelo, decidí ir a Acapulco, en México, con mis padres y mis hijos. Un día de sol, mientras que los niños jugaban en la arena, mi padre y yo estábamos echados en sillas de playa, asoleándonos. Mi padre pidió al mesero que le trajera una Corona. No lo podía creer, mi padre iba a tomarse una cerveza. ¡Nunca lo había visto consumir alcohol! Yo también le pedí al mesero una cerveza.

Nuestras bebidas llegaron. Nos reímos, conversamos y nos divertimos. Estuvimos de vacaciones por un mes y durante ese tiempo vi a mi padre transformarse de hombre serio, con empleo, responsabilidades y una hipoteca, en un adolescente despreocupado que me trataba como una amiga, haciendo chistes con sus compañeros. A mis hijos les encantó ese mes con mis padres y fueron vacaciones muy especiales para nosotros. Luego, viajamos juntos muchas veces más, y cada vez era una experiencia maravillosa.

En nuestra casa, las reglas eran simples. Una de ellas era que el alcohol estaba prohibido. Mi abuelo había tenido problemas con el alcohol y, cuando mi padre se casó, ellos hicieron un pacto, ninguno volvería a beber alcohol. Los dos cumplieron con el pacto hasta que falleció mi abuelo. Cuando mi padre tomó una cerveza conmigo en México, era para rendir homenaje a su padre.

Capítulo XIII

En 1984, cuando Jeremé empezó la primaria, abrí una guardería en su escuela para estar más cerca de mis dos niños durante el día y así poder concentrarme en mis estudios universitarios en la noche. La guardería se volvió muy popular, lo cual me permitió ahorrar una buena cantidad de dinero. Aparte de los beneficios financieros, estaba feliz trabajando en la guardería porque me gustaba mucho trabajar con niños.

En 1986, llevé a mi familia a Vancouver, Columbia Británica, para la Exposición Internacional de Vancouver de 1986, conocida como Expo 86, cuyo tema era el transporte y la comunicación. El evento, que tuvo lugar del 2 de mayo al 13 de octubre de 1986, se llevó a cabo en la ribera norte de False Creek. El gobierno canadiense había invertido 311 millones de dólares en instalar la exposición y fue un éxito fenomenal en cuanto al número de turistas que visitaron la exposición, sin embargo este evento dejó al país en un déficit financiero. Estas grandes exposiciones mundiales se dan en diferentes países, cada vez con un tema relacionado a la actualidad en el mundo. Expo 2015 será en Milán, Italia, y el tema será "Alimentar el planeta, la energía para la vida".

Aunque nos alojamos con mi amiga, Lyne, este viaje fue costoso para nosotros. Los pasajes eran caros y las entradas para la Expo costaban treinta dólares por día. Para nosotros, que éramos una familia de cuatro, las entradas nos costaban 120 dólares al día. Había tantas cosas que ver y hacer ya que casi todos los países del mundo estaban representados, sin contar la cantidad de organizaciones mundiales que tenían quioscos en el sitio. Me sentí realmente inspirada. Quería quedarme más tiempo para seguir explorando la exposición pero hubiese sido un gasto muy elevado.

El tercer día, estábamos haciendo fila para entrar en una tienda cuando empecé a hablar con un señor que había venido junto con otras 70 personas desde Quebec. Nos dijo que todos tenían entradas que eran válidas por tres días, pero que a muchos de ellos les costaba tener que caminar tanto debido al tamaño de la exposición. Me dijo que él se iba a ir al siguiente día a las seis de la mañana y que trataría de conseguirnos algunas entradas que no hubieran sido usadas. Cuando llegué a las 5:30 de la mañana para recoger las entradas que me daría, me dio 90 entradas gratis que podríamos usar durante la exposición. ¡No lo podía creer! Regalamos algunas de las entradas a Lyne y a la familia de su hermana y usamos las otras entradas para entrar y salir de la exposición hasta que pudimos ver todo lo que queríamos.

Tuve la oportunidad de visitar el área correspondiente a las Naciones Unidas (ONU) y allí localicé el puesto del Alto Comisionado de las Naciones Unidas para los Refugiados (ACNUR). Estaba estudiando intervención psicosocial y era la primera vez que pude realmente hacer un vínculo entre mis estudios y los problemas que los refugiados enfrentaban. Estaba tan contenta de estar allí. Tras mis conversaciones con los representantes, pude determinar lo que quería hacer de mi vida: quería trabajar para la ONU y ayudar a refugiados.

Gracias a este viaje, descubrí exactamente lo que quería hacer en el futuro. Esta experiencia cambió mi vida completamente. Si no hubiese sido por ese hombre tan generoso, nunca hubiera podido pasar tanto tiempo con las personas de la ONU, hablando con los representantes e identificando cuáles serían mis intereses principales. Compré un gran cartel en la tienda de la ONU y lo mandé laminar. Desafortunadamente, hace algunos años alguien lo robó de mi oficina. Sólo me queda una imagen que imprimí del internet como recuerdo de esos maravillosos momentos.

Envié inmediatamente una solicitud para trabajar en la Naciones Unidas. Pero, me llamaron para decirme que sería mejor que yo estableciera una organización en mi región para brindar ayuda a refugiados, en vez de trabajar directamente en la ONU. Esto ayudaría a la ONU a encontrar un lugar en donde los refugiados pudieran instalarse. Necesitaría asegurarme de que el lugar siguiera las regulaciones necesarias y que tuviera un área de servicios sociales para poder manejar la llegada de los refugiados a la región. Me sentía muy motivada por la sugerencia.

Mientras tanto, decidí presentar una solicitud al Centro de Búsqueda de Empleo para la Región de las Laurentidas (CREL, por sus siglas en francés), una organización que ayuda a las personas que desean reintegrarse a la fuerza laboral. Los que trabajaban en esta sociedad cooperativa eran todos individuos muy respetados en la comunidad y formaban un equipo extraordinario, autónomo e independiente. Trabajaban juntos de manera increíble y superaban muchos desafíos con el fin de encontrar soluciones. Me sentía muy orgullosa de formar parte de este grupo y estaba contenta de trabajar en un lugar tan estimulante. Trabajé en el CREL de 1988 a 1991.

Entre 1987 y 1990, La Société Nationale des Québécois (Sociedad Nacional de los Quebequenses) tras consultaciones con el público general, realizó un estudio sobre el desarrollo demográfico de la región de las Laurentidas. Yo formaba parte de esta asociación y habíamos identificado varias tendencias, por ejemplo, observamos una reducción en la cantidad de nacimientos y notamos que la población local estaba envejeciendo. En 1987 y en 1988 nosotros preparamos numerosos informes con respecto a la inmigración en el país y los presenté en diversas conferencias. Incluso, me filmaron mientras presentaba mis informes y así pude compartir mi visión con otras personas. Expliqué cómo los inmigrantes llegaban a visitar la región de las Laurentidas pero no se quedaban ya que no había una organización establecida donde estas personas podrían tener acceso a servicios de ayuda para su integración en la sociedad.

Al mismo tiempo, el gobierno federal firmó un tratado declarando que la provincia de Quebec sería responsable de desarrollar una política provincial sobre la inmigración. El gobierno quería establecer una colaboración con las regiones para que pudiesen aplicar las nuevas políticas regionales de inmigración. A través de discusiones sobre la regionalización de la inmigración, tuve la idea de abrir un centro para ayudar a los inmigrantes a establecerse en nuestra región. Sabía que con este centro podría empezar a colaborar con la ONU para que algunos refugiados fueran enviados a las Laurentidas. Así fue como se fundó el centro Le Coffret y como llegué a ser la directora de este organismo.

Durante 1988, visité a una amiga en la región de Gaspesie. Estábamos sentadas al borde del mar con un grupo de personas, muchas de ellas se habían divorciado recientemente. Era como si el divorcio estuviese de moda. Algunas de estas personas habían tenido aventuras que no habían durado mucho tiempo y ahora extrañaban la estabilidad que habían tenido con sus parejas anteriores. Yo pensaba que Robert y yo teníamos una relación feliz y saludable, sin embargo, nos divorciamos poco tiempo después de ese viaje. Para mí, fue un golpe muy duro, me encontré en un estado de shock y de incredulidad.

Nuestros hijos tenían siete y nueve años en esa época, y el divorcio fue algo muy difícil para ellos también. Además, mis padres estaban muy tristes; mi hermano Pierre y yo estábamos pasando por un divorcio al mismo tiempo.

Gracias a mi padre y por mi naturaleza, siempre he sido una persona muy optimista, e incluso durante la época de mi divorcio, me molestaba o gritaba muy raramente. Mis niños y yo pasamos momentos muy complicados, pero tenía que ser fuerte y mirar hacia adelante.

Seguía sintiendo la necesidad de tener más hijos. Ya había intentado adoptar pero no había funcionado. Mi padre quería ayudarme, entonces hablamos de ir a México para adoptar un niño allí. Fuimos juntos al centro de adopción y completé todos los documentos exigidos. Desafortunadamente, la agencia gubernamental me informó que, según la política, las mujeres solteras no podían adoptar niños en México.

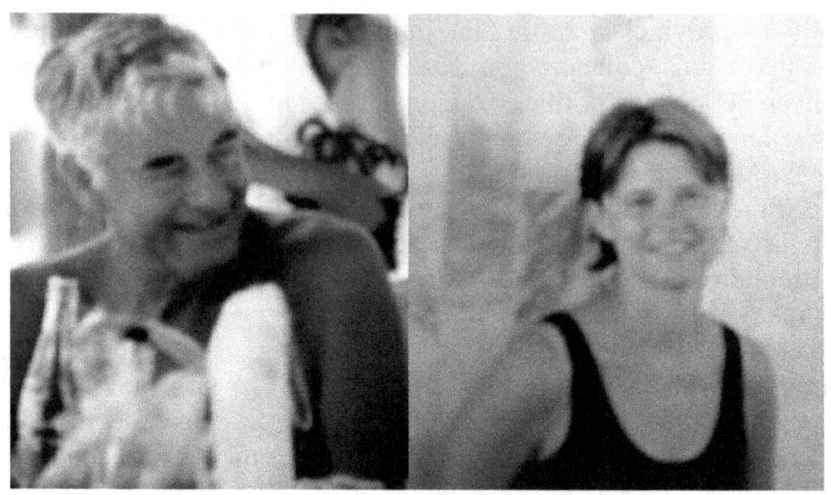

Mi padre y yo en Acapulco, México en 1988

Decidí entonces tratar de adoptar un niño de África. Nuevamente, completé documentos e incluí una foto con mi aplicación. En esa época, tenía poca energía porque estaba en casa reponiéndome de una cirugía. Cerca de la fecha en que debía viajar, todavía no había renovado mi pasaporte. Mi padre, que era una fuente constante de apoyo y me ayudaba tanto, se fue a Montreal con mis documentos para entregarlos a la agencia encargada de tramitar pasaportes. Mis documentos fueron rechazados porque en la foto yo llevaba un pañuelo en la cabeza. Mi padre regresó a la casa, me pidió otra foto y lo intentó de nuevo, pero mi solicitud fue rechazada una vez más.

Traté de adoptar un niño de Chile, también sin éxito. Supongo que el universo estaba diciéndome que tenía que buscar otro camino para progresar.

Decidí que sería una buena idea irme de vacaciones a Europa con mis hijos. Su escuela había organizado un viaje para treinta alumnos de entre siete y diez años de edad, como parte de un programa de intercambio en Francia. Pensé que sería una buena oportunidad para mis hijos y decidí acompañarlos porque para mí sería un excelente escape que me ayudaría a dejar de pensar en el divorcio. Yo era la única persona mayor en un avión lleno de niños y, aunque no era responsable de los otros niños, me sentía a gusto con ellos y todos nos divertimos mucho. Cuando llegamos a Francia, mis hijos se fueron a París y yo me fui a visitar a una amiga que trabajaba en el castillo Des Coudreaux en la comunidad de Chateaudun, en el valle central del Loira. Me encontré con la dueña que vivía sola ahí y me pidió que me quedara a ayudarle durante mi corta estancia. Después de diez días, me preguntó si quería quedarme de manera permanente y, por un momento, lo consideré seriamente ya que estaría cerca de las Naciones Unidas en París. Sin embargo, pensé en mis hijos y decidí que tenía que regresar a Quebec y proseguir con mis objetivos personales hasta que mis hijos fueran más grandes.

Me despedí y me fui a París, disfruté mucho explorar esa maravillosa ciudad. Pasé los dos últimos días del viaje con mis hijos y los otros niños. Visitamos el museo del Louvre en París y los chicos se tomaron fotos al lado de monumentos espectaculares. Incluso, algunos trataron de trepar los monumentos. Aunque se divirtieron mucho, creo que eran muy jóvenes para realmente apreciar la experiencia. Cuando regresamos, más que todo hablaban de la casa en donde se habían quedado y de lo que no les había gustado, en vez de hablar de la experiencia como tal y de la magnífica oportunidad que habían tenido de descubrir un nuevo país y una cultura diferente. A pesar de eso, el viaje fue un éxito y nos divertimos mucho.

Cuando regresamos, una crisis estaba surgiendo en Oka, en Saint-Eustache. En el periódico se mencionaba que un nativo norteamericano había matado un policía. Por supuesto, faltaban detalles y cuanto más pensaba en el artículo, más me daba cuenta de que yo no sabía que decía que el era un nativo de las Primeras Naciones. Los nativos norteamericanos habían estado aquí antes de que llegaran los europeos, por eso los llamamos Primeras Naciones. Pedí al universo que me ayudara a comprender la situación, porque me parecía que había un problema dentro de la cultura de los nativos norteamericanos.

En 1989 y 1990, completé un certificado en inmigración y en relaciones interculturales en la Université de Montréal (Universidad de Montreal). Durante el primer curso, el auditorio estaba lleno y muchos estudiantes no tenían silla para sentarse. El director del programa universitario nos explicó que habían cometido un error y que habían aceptado al programa demasiados alumnos. Por lo tanto, todos tendríamos que explicar por qué queríamos tomar esa clase y, según las respuestas, se determinaría quien se quedaría. Yo expliqué que era directora de Le Coffret y que trabajaba directamente con inmigrantes, entonces necesitaba el curso para aprender a ser más eficiente. Un hombre, que había estado de pie atrás de mí, dijo que él era de las Primeras Naciones y necesitaba tomar el curso porque su comunidad estaba teniendo problemas con los blancos. ¡El universo estaba respondiendo a mi pedido! Tenía absolutamente que hablar con este hombre.

Los dos fuimos aceptados ese semestre e hicimos muchos trabajos juntos, nadie quería trabajar con él salvo yo. Yo quería aprender más sobre su cultura y él fue mi primer contacto con las Primeras Naciones. Él pertenecía al clan de los iroqueses. Existen muchos clanes en las Primeras Naciones y me reuní con él varias veces durante esos dos años para aprender más sobre sus antecedentes y la situación actual que se vive en estas comunidades.

Una vez, me habló de la Guerra Fría entre Rusia y los Estados Unidos y me contó que habían firmado un tratado para deponer las armas, haciendo promesas al Consejo de Seguridad que cesarían el conflicto. Me dijo que Rusia había vendido muchas de sus armas a africanos y que en los Estados Unidos varias personas habían logrado vender esas armas. Su clan pudo comprar algunas de ellas. Por mi parte, ya no quería saber más de gente armada. Me di cuenta entonces que necesitaba asociarme con madres de diferentes clanes para comprender mis orígenes y dejar de escuchar historias sobre la guerra. Este hombre era un verdadero guerrero, se encontraba en constante lucha con diversas situaciones internas. Con el paso del tiempo, me alejé de él porque ya no podía más con sus constantes conflictos.

Siempre me ha gustado pasar tiempo en medio de los árboles y de la naturaleza en general. Hasta durante el invierno, me pongo las raquetas para la nieve y me voy a caminar en el bosque. Siempre he sentido una conexión con la tierra, específicamente con la región en la cual vivo, y sabía que necesitaba explorar aún más este vínculo. A menudo, soñaba con llegar a vieja y seguir paseando en el bosque, durmiendo en una yurta cerca de un lago.

Durante ese mismo curso universitario, conocí a un judío mesiánico de Moldavia. Él era la primera persona que había conocido de ese país y de esa religión, y sentí mucha curiosidad. Pensaba que, el aprender más sobre las diferentes religiones del mundo, me ayudaría a cumplir mi sueño de reunir a diferentes grupos étnicos y religiones para discutir la manera de progresar como una sola entidad. Le pedí que me hablara de su religión y de su país.

Me contó lo que estaba pasando con los niños en Moldavia. Cuando los padres no tenían suficiente dinero para alimentar a sus hijos, los abandonaban en un orfanato. Como nadie trabajaba en los orfanatos, los niños se morían de hambre. Me dijo que sería maravilloso si hubiera una manera de adoptar a esos niños antes de que murieran. Durante muchos años, yo había intentado adoptar niños, ¿sería esto un presagio? Encontré a un abogado en Montreal y formé un grupo de personas interesadas en facilitar adopciones de huérfanos moldavos. Necesitaríamos establecer una organización acreditada por el gobierno.

Tuvimos nuestra primera reunión de equipo y el hombre trajo a un amigo de Moldavia. Juntos, elaboramos una estrategia para obtener una acreditación del gobierno y definimos los criterios de selección para los futuros padres adoptivos. Había muchos documentos por completar pero estaba segura de poder hacerlo. Luego de muchas discusiones, el amigo se puso de pie y nos dijo: "Ustedes no necesitan completar esos documentos. Alquilaremos un bote para transportar a los niños de Moldavia y pasaremos por el río Saint-Laurent para regresar a Montreal. Cada niño costará 25,000 dólares". Al decir esto, me di cuenta que estos hombres querían vender a los niños.

Sentí un escalofrió en la espalda. ¿Quiénes eran estos hombres? Siguieron hablando, diciéndonos que nos traerían niños por bote cada mes, y que el dinero que recaudarían serviría para ayudar a su país. Era como si estuviesen hablando de exportar frutas y verduras, pero estos eran niños, no cosechas. Era una idea descabellada y me sentí extremadamente avergonzada frente al grupo por haberles presentado a estos dos hombres. Inmediatamente pusieron fin al proyecto.

Existen muchos huérfanos en todo el mundo que han tenido niñeces increíblemente traumatizantes. Por ejemplo, he trabajado con familias que han adoptado niños de diferentes partes de Rusia. Estos niños parecen perfectos el primer año mientras se acostumbran a sus nuevos entornos. Pero, una vez que ya se han adaptado, las experiencias dolorosas y perturbadoras que tuvieron vuelven a atormentarlos y se convierten en niños diferentes. Empiezan a actuar de manera peligrosa y necesitan ayuda psiquiátrica. Es casi imposible para ellos integrarse bien. Es una situación intolerable para los niños, las familias adoptivas y para los hospitales que terminan haciéndose cargo de ellos. Por lo tanto, Canadá ya no acepta más huérfanos rusos.

Al final de los años 1980, mi abuela Jeanne estaba viviendo en una casa de reposo. Al inicio de los años 1990, mi hermana Marie-Josée dio a luz a su hijo, Pier Olivier. Yo solía visitarles frecuentemente.

En la primavera de 1992, organicé un día de meditación en el campo local de deportes. Nos habían dado permiso de usar el terreno y las oficinas para eventos comunitarios. Era la primera vez que organizaba un evento como éste y mis dos hijos me acompañaron.

De pronto, mi hermana me llamó. Necesitaba que la ayudara ese mismo día para llevarse sus cosas de la casa; ella se estaba separando. En ese momento fue que decidimos vivir juntas, tal y como lo habíamos discutido tiempo atrás, así como lo habían hecho mi abuela y su hermana Imelda. Mi sobrino tenía seis meses y mis hijos tenían once y nueve años.

Alquilamos un camión y mi hermano Alain nos ayudó a llevar las pertenencias de Marie-Josée a mi casa. De repente comenzó a nevar fuertemente. Tuvimos suerte de haber contado con la ayuda suficiente ya que logramos mudar todas sus cosas a tiempo.

Fue una bendición para nosotras poder vivir juntas. Compartíamos los gastos y juntas cuidábamos a los hijos de ambas, y de esta manera lograr seguir viviendo como mujeres independientes y criando a nuestros hijos en equipo. Proseguí mis estudios universitarios durante las noches mientras que Marie-Josée se quedaba con mis hijos. Cuando me iba al CREL, llevaba a mi sobrino a la guardería o lo cuidaba mientras ella se iba a trabajar. Mi hermana fue una de las primeras mujeres en hacer el trabajo de instalar postes de electricidad para Hydro-Québec, la empresa eléctrica del gobierno, ya que era típicamente trabajo de hombres. Era una mujer muy inteligente, determinada y motivada en su ámbito profesional. Mis dos niños estaban muy impresionados e inspirados por ella.

Al frente del CREL, había una casa abandonada que estaba pintada de blanco. Esta pertenecía al banco Caisse Populaire de Saint-Jerome, esta institución deseaba demolerla y convertir el terreno en estacionamiento. En ese momento, el banco la estaba usando para almacenar viejos muebles porque no encontraba quien la alquilara. Varios ciudadanos y yo colocamos cadenas alrededor de la casa y nos amarramos a ellas con candados en señal de protesta. Este lugar era un sitio histórico y por lo tanto no debía ser destruido. Logramos salvar la casa que llamábamos la "Casa Blanca".

Aunque trabajaba lejos, yo iba a ver a mi abuela cada noche a la casa de reposo. Conforme pasaban los días, notaba que mi abuela se estaba poniendo más y más débil. De vez en cuando, me decía que ya no quería estar aquí, en este mundo, pero no quería morir hasta que la memoria de su madre, Clara Bourgeois, fuera reconocida.

Fue durante esta época que muchos negocios cerraron en Quebec. La Federación de Trabajadores de Quebec (Fédération des Travailleurs du Québec) había decidido que sólo daría contratos a los negocios que estuvieran sindicalizados. Mi director decidió entonces implementar un sindicato en nuestro lugar de trabajo. Yo no quise formar parte del sindicato, aunque mis colegas estaban de acuerdo en formar uno. En mi opinión, éramos una cooperativa de trabajadores y la idea del sindicato iba en contra de mis derechos democráticos de no participar en ello. La situación me estaba causando tanto estrés que hasta tenía dolores y serios malestares físicos.

Decidí que ya no me podía quedar allí. Entonces, a los treinta y dos años, me jubilé con anticipación del trabajo remunerado para concentrarme en fundar las organizaciones que quería crear. Tenía ahorros y con ese dinero podría subsistir un cierto tiempo. Me dediqué a varias tareas, una de ellas fue la inauguración de la

---

fundación Clara Bourgeois, en recuerdo de mi bisabuela. También, quería organizar algunas reuniones con diversos grupos religiosos y necesitaba seguir desarrollando el centro Le Coffret. Viví de mis ahorros durante tres años mientras que implementaba mis organizaciones.

En 1991, envié una solicitud al gobierno de Quebec para que me ayudara a desarrollar el Coffret. Aceptaron mi propuesta y empecé a recibir fondos del gobierno para el centro, éstos incluían mi salario. El proceso estaba en curso y me sentía muy satisfecha. Durante los siguientes cuatro años, trabajamos arduamente para asegurarnos de que los centros de inmigración en Quebec, incluyendo el Coffret en la región de las Laurentidas, estuvieran listos para recibir a inmigrantes y a refugiados. Fundamos el Consejo Regional de Inmigración, donde las partes clave se reunían para discutir los servicios que serían necesarios para ayudar de mejor manera a los refugiados que serían aceptados en el país. La mayoría de estas personas tenían pocos conocimientos sobre la situación de los refugiados en el mundo entonces teníamos que convencerlos de acogerlos. La primera reunión oficial del consejo fue en 1992 y trabajamos con varios socios involucrados en asuntos de inmigración.

Al mismo tiempo, hablé con dos mujeres para que me ayudaran con la fundación Clara Bourgeois. Había tenido la idea de iniciar la fundación cuando estudiaba en la universidad. Durante mis visitas al Centro Local de Servicios Sociales (CLSC, por sus siglas en francés), noté que no existía ninguna organización que se dedicara a familias, niños y mujeres. Pensé que al establecer esta fundación podría asociarme con el CLSC y así ofrecer un lugar en donde la gente de la comunidad podría encontrar asistencia. Tras discusiones con otros alumnos, decidí que la fundación llevaría el nombre de mi abuela.

Tuve una reunión con el banco para preguntar si podría usar la "Casa Blanca" para mi fundación, pero rechazaron esta propuesta diciéndome que preferían que una organización prestigiosa o una firma de servicios legales, como un notario o una oficina de abogados, ocupara el edificio. Presentamos varias ofertas al banco y contactamos arquitectos, ingenieros, fontaneros y electricistas para que fueran a ver la casa y así obtener presupuestos y poder explicar más en detalle lo que queríamos lograr con la casa. Preparamos múltiples propuestas pero el banco siempre encontraba una razón para rechazar nuestra oferta. Y, a pesar de ser tres mujeres, siempre nos trataban de "niñitas". Estábamos muy ofendidas.

Cada vez que un trabajador o contratista iba a la casa, yo tenía que ir a buscar al conserje que trabajaba en el banco, para que se vistiera, saliera y nos abriera la puerta de la "Casa Blanca". Como siempre teníamos que molestarlo, le sugerí que nos diera la llave y aceptó.

Con esta valiosa llave en mano, básicamente invadimos la casa y empezamos a renovarla. Reparamos la calefacción e hicimos instalar líneas telefónicas. Por supuesto, el banco se dio cuenta de lo que estábamos haciendo y los administradores estaban furiosos de que hubiésemos logrado acceder a la casa. Todos los días, nos decían que teníamos que marcharnos de la casa, y yo les decía que no nos íbamos a ir porque era un viejo edificio abandonado que nadie usaba y que por lo tanto debería ser usado para servicios comunitarios. Les pedíamos un contrato de arrendamiento pero continuaban negándose.

Un año después, todavía estábamos trabajando en la "Casa Blanca" sin contrato de arrendamiento. Un día, durante una fuerte tormenta de nieve, varios miembros del consejo de administración del banco no pudieron ir a trabajar. Entones, ese día, presentamos una propuesta a la administración del banco porque sabíamos que sólo los miembros locales del consejo de administración estarían presentes. Ellos votaron a favor de nuestra propuesta porque querían que ese edificio abandonado se utilizara para algo productivo.

El siguiente día, nos avisaron que nuestra oferta había sido aceptada, a pesar de que los directores del banco y los administradores que habían estado ausentes el día anterior estaban furiosos al enterarse de lo que habíamos hecho. Contrataron a un abogado para preparar un contrato de arrendamiento pensando que jamás aceptaríamos firmarlo. Les avisé que no perdieran más tiempo, firmaría cualquier contrato que me fuese presentado sin leerlo. Teníamos la intención de quedarnos en esa casa.

En 1992, publicaron un artículo en el periódico local acerca de la fundación Clara Bourgeois y la "Casa Blanca" titulado "La fundación Clara Bourgeois se instala en la 'Casa Blanca'". Inmediatamente me fui a ver a mi abuela Jeanne en la casa de reposo para enseñárselo.

Unos días después, fui a visitarla como siempre. Cuando entré en su cuarto, me di cuenta de que sus muebles y sus pertenencias ya no estaban; asumí que la habían mudado a otro cuarto. Pero no era así. Las enfermeras me informaron que mi abuela había fallecido ese día, más temprano. En esa época, no existían los teléfonos celulares entonces nadie había podido comunicarse conmigo para avisarme y tuvieron que esperar a que yo llegara para darme la triste noticia. Lloré durante mucho tiempo; había perdido a mi abuela, a mi hermana, a mi amiga.

Mi abuela había organizado y pagado de antemano todos los gastos de su propio funeral. Fue una época muy triste para toda la familia. Siempre pienso en ella y en que ella esperó a que la memoria de su madre fuese reconocida por la comunidad para poder morir en paz.

Debido a mi divorcio, a mi hermana que se mudó conmigo, mis estudios, mis compromisos organizacionales y la muerte de mi abuela, esa época de mi vida estuvo llena de actividad. Muchas cosas estaban pasando en mi vida pero logré hacerlo todo, en gran parte porque mi hermana y yo vivíamos juntas y así podíamos compartir las responsabilidad de criar a nuestros hijos.

En 1995, después de casi cinco años viviendo juntas, mi hermana decidió comprar su propia casa y se mudó. Mi sobrino no quería irse porque le gustaba vivir todos juntos.

Mi hijo mayor, Mathieu, tenía dieciséis años cuando me preguntó si se podía alistar en el ejército. Se lo negué. No quería que fuera a morir en una guerra. Cuando cumplió dieciocho años, me lo pidió de nuevo. Otra vez más, me rehusé a firmar los formularios.

Mis padres seguían viajando a México. La salud de mi padre se estaba deteriorando, andaba en silla de ruedas y siempre necesitaba tener un tanque de oxígeno a su lado. El frío de Canadá le estaba causando mucho daño. Cuando llegaba a México, caminaba y respiraba sin problemas.

En 1995, recibí un video de alguien en Ruanda mostrando imágenes de lo que estaba ocurriendo en África. Me quedé espantada y entristecida de ver las zonas de guerra y a poblaciones enteras asesinadas con machetes. Me dolía el corazón al pensar en el dilema terrible en que vivían esos africanos y me sentía impotente porque no podía ir a ayudarlos.

La agresión y la crueldad impensables que ocurren en zonas de guerra a través del mundo me hacen pensar que sólo rezando y meditando podemos lograr cambiar la percepción de los que son tan insensibles.

Como parte del trabajo para establecer el Coffret, decidimos formar un comité interreligioso que sería compuesto por representantes de varias religiones. El comité serviría de foro filosófico donde intercambiaríamos ideas y trataríamos de encontrar valores comunes con el fin de promover la armonía entre las diferentes comunidades étnicas y culturales de nuestra región.

Fui al templo budista en el barrio de Verdun, en Montreal, y pedí que un monje viniera a las reuniones del comité. Luego, fui a la más grande comunidad judía ortodoxa en el barrio de Boisbriand, pero los miembros se rehusaron a formar parte de nuestro comité, tenía que encontrar otra forma de convencerlos. Fui a hablar con un hombre que trabajaba en el departamento de relaciones judías en el gobierno de Quebec. Le pedí que me ayudara a comunicarme con el Gran Rabino porque quería conocerlo y quería que mis hijos lo conocieran también. Cuando hablé con el Gran Rabino, le expliqué que nuestros hijos deberían conocerse para que en cincuenta años no se estuviesen matando unos a otros en una guerra. Necesitábamos tener una amistad para poder vivir en paz.

Mi plan funcionó, el Gran Rabino aceptó enviar a un rabino que era profesor en la ciudad de Joliette. Este hombre, que además era muy cómico, venía a nuestras reuniones y con él organizamos una visita al centro comunitario judío en Boisbriand en donde todos nos recibieron muy amablemente.

También visitamos un templo budista, el ashram hindú en la municipalidad de Val-Morin y las monjas griegas ortodoxas en la municipalidad de Brownsburg. Las monjas eran jóvenes, no tenían más de veinte años, y me parecieron extraordinarias personas.

Una noche, como a las once, estaba en mi casa cuando alguien tocó a mi puerta. Eran dos de las monjas. Habían traído a unas jóvenes religiosas de Grecia a verme porque tenían problemas con sus visas y pasaportes y necesitaban mi ayuda. Luego de esa noche, formé una relación muy estrecha con la comunidad griega ortodoxa de Brownsburg e iba a visitar a las monjas a menudo.

Hablé con un imam musulmán para que formara parte de nuestro comité. Él nos ayudó a desarrollar una actitud objetiva y positiva frente al Islam, ya que él no era ni fundamentalista ni militante y no lo percibíamos como terrorista. Fue muy interesante tenerlo como miembro de nuestro grupo ya que nos permitió cambiar la opinión que teníamos de los islámicos que llegaban a nuestra región. Muchos musulmanes que se establecieron en Quebec han logrado integrarse completamente en nuestra sociedad.

Para formar el comité, fui a ver a muchos líderes religiosos. Al cabo de mis esfuerzos, nuestros miembros incluían, entre otros, a judíos ortodoxos, un monje budista, un imam musulmán, curas católicos y pastores protestantes. Las reuniones del comité eran muy productivas y a veces nos juntábamos con otros líderes de la comunidad.

Decidí hacer una presentación en mi antiguo colegio, la escuela Polyvalente, para que los estudiantes de la secundaria pudieran aprender más sobre el modo de vida budista. Un anciano monje, Kenji, que no hablaba francés, vino acompañado de dos monjes jóvenes y juntos dieron una presentación en el auditorio de la escuela. Cuando Kenji entró en la sala, se sentó y hubo un silencio total en todo el auditorio. Empezó a hablar del Dalái Lama y de lo que Su Santidad había logrado realizar mediante la compasión, el amor, la diplomacia y la tolerancia. Los alumnos lo escuchaban, muy atentos, y algunos hasta tenían lágrimas en los ojos al escuchar esas historias tan bellas e inspiradoras. Estaban intrigados e hicieron muchas preguntas. Los profesores no podían creer que los alumnos habían prestado tanta atención durante una presentación. Kenji era un hombre con muchísimo carisma y tenía una aura tan intensa que captivaba a la gente que escuchaba su mensaje.

En 1995, formé parte del Consejo Regional para el Desarrollo de las Laurentidas y, en 1996, fui miembro del consejo ejecutivo. Esto me permitió desarrollar buenas relaciones con nuestros socios en inmigración ya que nos reuníamos frecuentemente para tomar decisiones sobre diferentes temas.

Un día, el monje Kenji vino a mi oficina. Necesitaba ayuda para cambiar la zonificación de un lugar en la región de las Laurentidas. Me explicó que una mujer americana había tenido una visión. Debía ir al bosque y encontrar un árbol con siete ramas. Cuando encontrara el árbol, ahí tendría que establecer un templo. Entonces, la mujer viajó a las Laurentidas y encontró el famoso árbol con siete ramas, pero estaba situado en una zona agrícola. Había conversado con los agricultores locales pero ellos no querían que se construyera un templo en la localidad porque temían que eso traería una llegada masiva de inmigrantes asiáticos a la región y estas personas invadirían sus tierras agrícolas.

Por lo tanto, Kenji me preguntó si yo podría tratar de convencer al alcalde. Lo conocía porque también formaba parte del Consejo Regional, yo no estaba segura de poder influir en sus opiniones, pero decidí intentarlo. Escribí una carta explicándole que la construcción de un templo budista formaba parte del plan de desarrollar una comunidad cultural. Además, la inversión sería muy benéfica para la región. También le dije que, como era un lugar de culto en donde la gente podría venir a meditar, no habría tantas personas visitando tal y como los agricultores pensaban. El alcalde aprobó la construcción del templo y, para agradecerme por haberme involucrado, Kenji me regaló un hermoso dibujo de un mandala.

El Dalái Lama vino a hacer una breve visita al Templo Kenji de Montreal antes de irse a Los Ángeles. Kenji, que era el monje más anciano de la región, quería que fuese el Dalái Lama quien condujera su funeral cuando muriera, entonces lo llamó y le pidió que volviera a pasar por el templo en Montreal antes de volver a Nepal. El Dalái Lama aceptó. Cuando llegó al templo, los otros monjes le dijeron que Kenji estaba meditando y esperaron muchas horas antes de ir a verlo. Cuando por fin entraron al cuarto, se dieron cuenta que Kenji había provocado su propia muerte durante su meditación. El Dalái Lama celebró el funeral según las costumbres tibetanas.

La habilidad que tuvo Kenji para controlar su vida me hizo reflexionar sobre la cuestión de la eutanasia. Esta historia me afectó profundamente porque me di cuenta de que en nuestra vida podemos hacer cosas extraordinarias gracias a nuestras creencias. Cuando tenemos una imagen clara de lo que queremos, podemos lograrlo todo.

Desde chica, gracias a mi tío Jacques y luego a Kenji, comprendí que el budismo no era una religión, sino una filosofía. Buda no es un dios, y el budismo nos permite alcanzar otro nivel de conciencia. Para mí, el budismo otorga el poder a los seres humanos de tomar sus vidas en sus propias manos y ser lo que quieran ser. Esta doctrina es contraria a la de la iglesia católica, la cual impide a la gente ser lo que quieren ser, más bien, todos tenemos que hacer lo que la Iglesia nos pide hacer. Aprendí que, cuando conocemos varias religiones y creencias, podemos ser quienes queremos ser y podemos realizar muchísimas cosas.

Creo en la reencarnación. Para mí, es un fenómeno real, aunque la iglesia católica no lo reconoce. Me considero una cristiana y es el mensaje de Cristo el que me acompaña en todos mis proyectos. Tengo doce biografías de Cristo y una inmensa colección de obras de arte representando la Última Cena que adquirí durante mis numerosos viajes a México, Italia y otros países. Estoy convencida de que uno de los doce apóstoles era mujer, y por lo tanto cada una de las esculturas y pinturas en mi colección de la Última Cena una mujer estaba presente. Creo que hubo una mujer presente cuando Jesús murió y cuando resucitó. También, creo que la iglesia fue originalmente organizada contra la voluntad de Jesús y formada para dar al género masculino poder total.

Capítulo XIV

Para cumplir con los reglamentos y de la ONU y procesar los casos de nuestros primeros refugiados, tenía que presentar una propuesta de parte de las autoridades y organizaciones locales que habían aceptado recibir a refugiados, aunque todavía estábamos lidiando con algunas problemáticas sociales. También, tenía que entregar una lista completa de los comités así como pruebas al apoyo de cada criterio, demostrando que teníamos los medios para abordar nuestras dificultades sociales existentes mientras proveíamos acceso a una variedad de servicios para ayudar a los refugiados a integrase de manera aceptable en nuestra sociedad.

Parte de mi trabajo es el asegurar que la comunidad local se encuentre en un estado saludable y así poder seguir recibiendo a más refugiados. También tengo que reunir un equipo de profesionales para supervisar todo lo relacionado a la salud y la educación, y asegurarnos de que el proceso de integración de los inmigrantes se lleve a cabo de la mejor manera.

La provincia de Quebec cuenta con dieciocho regiones y cada una tiene una capital. Saint-Jerome, la capital de la región de las Laurentidas, es el único pueblo que tiene un programa de "francisación", cuyo objetivo es mantener el francés como idioma principal de negocio y de comercio y la asimilación cultural necesaria para lograr esta meta. En cada una de las dieciocho regiones existe un centro parecido al Coffret, pero no todos son organizaciones sin fines de lucro y no gubernamentales.

Dentro de la región de las Laurentidas, los inmigrantes representan el 3,5% de la población actual. Mis estudios han indicado que, en ningún momento, esta cifra debería sobrepasar el 5%, de lo contrario la integración en la comunidad correría muchos riesgos.

La problemática de los refugiados empezó durante la Segunda Guerra Mundial. Había tantos refugiados en Europa que las Naciones Unidas formaron diversas organizaciones de ayuda, éstas con el tiempo se convirtieron en el Alto Comisionado de las Naciones Unidas para los Refugiados (ACNUR), el cual debía ser una solución temporal. El ACNUR se encargaría de todos los que no podían regresar a sus propios países. Después de la guerra en Europa, otras guerras surgieron en Asia, África y Sudamérica. Muchas de ellas fueron causadas por la descolonización o la formación de nuevos países, como cuando Pakistán se separó de India. Debido al número creciente de guerras y la cantidad de refugiados en el mundo, el ACNUR se transformó en una organización permanente.

En el pasado, cuando los refugiados huían a países cercanos, la policía y el ejército tenían derecho de forzarlos a que regresaran y muchas personas morían como resultado de esto. A lo largo de los años, al añadir tantos protocolos en cuanto a los términos de las leyes originales de la Convención de Ginebra en 1949, muchas matanzas cesaron. Hoy, cuando los refugiados huyen de sus países, pueden enviar una solicitud al ACNUR, donde tienen que declarar las razones por las cuales están solicitando salir del país, verificar sus identidades y luego esperar para saber si son candidatos para obtener el estatus de refugiado y recibir asistencia de la ONU. El estatus que reciben depende de la probabilidad de que un día puedan regresar a sus países. Existen tres opciones:

1. Esperar a que la guerra termine y luego regresar al país. Esta opción puede ser difícil porque en muchos casos sus casas y entorno han sido completamente destruidos o invadidos por grupos rebeldes.

2. Solicitar residencia en el país de refugio. En Europa, esto puede ser muy favorable. Sin embargo, en África, los países hacia los cuales los refugiados huyen muchas veces también están en el medio de un conflicto armado.

3. Esperar que sean recibidos en un nuevo país que acepte refugiados.

Nuestros primeros refugiados llegaron en 1995 y en 1996, y venían de la antigua Yugoslavia. Estas personas fueron desplazadas por las guerras de independencia en Serbia, Bosnia y Croacia. Muchos refugiados de Sarajevo tenían diplomas universitarios y por lo tanto el procedimiento de migración fue relativamente rápido para ellos. Gracias a la educación que tenían, se integraban bien y encontraban empleos en poco tiempo. Fue maravilloso poder acogerlos en nuestro país.

Los siguientes refugiados llegaron en 1996 de África. Les era muy difícil hablar abiertamente de lo que estaba ocurriendo en sus países porque era una situación traumatizante. Nosotros teníamos que enfocar mucha atención con algunos de los hombres africanos ya que en sus países de origen los hombres tradicionalmente tenían autoridad sobre las mujeres y muchos de ellos tenían varias esposas. Estas costumbres y creencias estaban incrustadas en ellos y teníamos que enseñarles nuestros principios fundamentales y nuestros estándares de igualdad. Algunas de las esposas habían sido expuestas a dominación masculina o violencia conyugal en África. Cuando llegaron aquí y aprendieron sobre nuestros estándares y nuestras leyes, algunas querían divorciarse por el maltrato que habían recibido de sus maridos en sus países natales. Pero no todas las familias estaban en esta situación. Algunas eran muy educadas, los esposos eran monógamos y vivían en armonía con su esposa e hijos, tenían éticas cristianas muy fuertes y rezaban por un mundo que viviera en paz.

Hace algunos años, tuve que hablar con uno de los padres que había llegado con diez hijos y otro por venir. Le expliqué que sería difícil e irresponsable de su parte seguir teniendo hijos cada año cuando no tenía cómo mantenerlos. No le gustó que una mujer le dijera eso y se veía que estaba luchando con sus sentimientos. Se rehusaba a que se le efectuase una vasectomía. Cuando su mujer fue al hospital para una revisión prenatal, los médicos descubrieron que el bebé había muerto. El hombre insistió entonces que a su mujer se le llevase a cabo una histerectomía y así él no necesitaría hacerse la vasectomía.

Tuve que intervenir en los asuntos personales de esa familia muchas veces porque él no comprendía que en nuestro país solíamos ser más suaves con nuestros hijos. Él era muy estricto y yo veía que los hijos más grandes no estaban contentos con su manera de disciplinarlos. En África, los niños tenían muchas madres porque un hombre tenía múltiples esposas. Algunos de estos niños llegaban aquí sin sus madres biológicas. Un día, hubo un incendio en el apartamento donde vivían; teníamos que relocalizarlos en otro edificio. Nos tomó casi un año para encontrar otro apartamento porque los otros residentes temían que ocurriera otro incendio.

Algunas integraciones son más exigentes que otras pero, en general, nuestros recién llegados se integran bien a la sociedad y hacemos un gran esfuerzo para ayudar a las víctimas de guerra. Sería maravilloso si pudiésemos encontrar una solución para prevenir las guerras y detener el crecimiento del número de refugiados.

En 1997, estando mis padres en México, mi padre se puso muy enfermo. Se regresaron de emergencia y fueron al hospital de Saint-Jerome. Fui a ver a mi padre al hospital; estaba muy mal. A mi madre le dolía verlo sufrir así. El 31 de mayo era la inauguración del Puente de la Confederación, un puente de 12.9 kilómetros de largo que une la provincia de Nuevo Brunswick con la Isla del Príncipe Eduardo. Mi padre deseaba tanto visitarlo antes de morir que le dije que me las arreglaría para que pudiera cumplir su deseo. Encontré una camioneta que podría alquilar, así como tanques de oxígeno, para llevarlo a ver el puente y participar en las celebraciones. Sabía que eso le pondría muy contento y mi plan era llevarlo pronto.

Un día de septiembre, estaba en una reunión muy importante con el Ministerio de Empleo y otros grupos para discutir las estrategias para abordar el problema de la pobreza. Queríamos desarrollar programas para ser implementados en la comunidad. Durante la pausa, me di cuenta de que tenía un mensaje en mi teléfono del hospital de Saint-Jerome. Querían que fuera lo más pronto posible porque mi padre se encontraba en un estado crítico y no sabían cuánto tiempo más iba a vivir. Me caí al suelo y lloré descontroladamente. La noticia me afectó tanto que sentí que me iba a desmayar. Un amigo que estaba en la reunión me consoló y me llevó al hospital. Llegamos antes del mediodía. Mi madre y mis hermanos, salvo uno que todavía estaba en camino, ya estaban allí.

Estábamos todos de pie alrededor de la cama de mi padre, que estaba inconsciente. Le hablamos y le agradecimos por todo lo que él había hecho por nosotros. A las doce, mi madre se fue con mis hermanos a almorzar. Yo decidí quedarme sola con mi padre.

Seguí hablándole, diciéndole cuán agradecidos estábamos con él y que estábamos tranquilos porque sabíamos que se iba a ir en paz. De pronto, su dedo anular se puso azul. Trate rápidamente de quitar su anillo pero mientras lo intentaba, mi padre murió. Fui a buscar a mi familia y veinte minutos más tarde llegó mi último hermano. Estaba desesperado porque no había podido despedirse de nuestro padre. Mi madre había estado con mi padre durante el tiempo que él estuvo en la unidad de cuidados intensivos y sabía cuánto había sufrido. Una vez, nos había dicho que quería morir a los 64 años; falleció a los 67. Nunca pude llevarlo al puente que tanto había querido visitar, pero estábamos convencidos de que su alma había sobrevolado el puente cuando se fue de este mundo.

Me fui del hospital y decidí ir a caminar por un parque cerca de mi casa. Mientras caminaba, mi padre vino a verme y me dijo: "No te preocupes, existe un equilibrio y justicia, y todo está perfecto. No te preocupes". Esa fue mi última conversación con él.

Durante los siguientes días, mi madre y yo organizamos el funeral, tuvo lugar en la iglesia de Saint-Antoine. Su cuerpo fue expuesto en la sala de velatorio. Mi padre había estado involucrado en política y tenía muchos amigos y conocidos en toda la región. Muchas personas lo querían y lo apreciaban y todas vinieron a su funeral. Nuestra familia estaba muy triste.

He heredado muchas buenas cualidades de mis padres, como su sociabilidad, sus talentos de organización, su capacidad de motivar a otros y de compartir sus creencias. Tengo la fuerza y el valor para hablar directamente con la gente y decirles lo que necesitan hacer para arreglar sus problemas y tomar sus responsabilidades. Mi madre tiene mucha compasión hacia los otros y un gran deseo de ayudar. Incluso hoy en día, ella defiende y ayuda a los otros en la casa de reposo. Mi padre tenía un excelente sentido del humor y sé que también he heredado eso de él. Durante las peores situaciones, él podía hacer reír a alguien mientras buscaban una solución. Aunque haya fallecido, sé que él siempre estará conmigo (foto inferior)

Mi hijo Mathieu, que había cumplido veintiún años, ya no necesitaba mi permiso para alistarse en el ejército. Entonces, tal y como lo había deseado desde los tres años, se fue a la base militar en la ciudad de Saint-Jean-du-Richelieu. Mi otro hijo, Jeremé, terminó la secundaria y se mudó a Montreal para seguir sus estudios. De pronto, estaba sola en una casa muy grande, así que decidí que un par de perros me servirían de compañía.

Un nuevo obispo había llegado a Saint-Jerome y no aprobaba el comité interreligioso. Me dijo que el Coffret no tenía la autoridad para dirigir ese tipo de consejo. Habló con todos los miembros y les dijo que pararan de venir a las reuniones. Organizamos algunas actividades más después de su intervención pero el consejo se disolvió poco tiempo después. Fuimos productivos durante ocho años y todos nos sentíamos muy orgullosos de lo que habíamos logrado durante ese tiempo.

Era invierno y la Navidad se estaba acercando. Mi madre seguía viajando sola a México en el invierno entonces decidí organizar una celebración navideña para los tutores de francés del Coffret. Siempre era bonito poder celebrar la Navidad con amistades y seres queridos, y pensé que todo el personal disfrutaría mucho de la fiesta. Uno de los profesores me dijo que traería a una jovencita china que había recientemente llegado de este país. Él le estaba enseñando francés en la escuela local. Cuando la vi, pensé que era muy linda, aunque parecía un niño.

Ese invierno, hubo mucha nieve y como a mí me gustan las actividades al aire libre, amarré los perros a un trineo y durante nuestro paseo me herí los dedos con la soga. Se pusieron azules y me dolían mucho. Esa noche, fui a cenar con mi amigo François, nos tomamos algunas copas para anestesiar el dolor y me fui temprano a casa para poder descansar.

Esa noche, mi padre me visitó en mis sueños. Hacía poco que había fallecido, estaba muy contenta de verlo. Le pregunté qué estaba haciendo y me contestó: "No se lo digas a nadie, porque sólo estoy aquí para verte. He arreglado todo y las cosas van a salir bien". No sabía a qué se refería.

Al siguiente día, un domingo, François me llamó para ver si mis dedos ya estaban recuperados. Todavía me dolían pero me sentía mejor. Me contó que acababa de recibir una llamada extraña de su amigo, preguntándole si conocía a alguien que pudiera hospedar a una jovencita china. Como hay doce horas de diferencia entre Canadá y China, me pregunté si la llamada había ocurrido al mismo tiempo que había soñado con mi padre.

Me dijo que la niña se llamaba Jin, pero prefería que la llamaran Jennifer porque sonaba más americano. Allí fue cuando me di cuenta de que era la misma niña que había conocido en la fiesta de Navidad. Le dije a François que la acogería con mucho gusto en mi casa. A mí me gusta más su verdadero nombre, Jin.

Los padres de Jin vivían en China. Su padre trabajaba en China para una gran empresa canadiense que le había propuesto pagar todos los gastos de los estudios de su hija si ella estudiaba en Canadá. Como el padrino de Jin vivía en la ciudad de Sainte-Therese, su padre se había comunicado con él para pedir su ayuda. Ellos decidieron que era mejor que ella alquilara un apartamento en Montreal. Su madre no podía venir con ella porque no podía obtener una visa por tanto tiempo. Su padre la acompañó hasta Montreal y, con la ayuda de su padrino, la matricularon en una escuela en Saint-Jerome y encontraron una familia de acogida.

La pobre Jin no sabía que su padre tendría que regresarse a China y que la dejaría sola en Canadá. Estaba completamente confusa y se sentía perdida ya que no hablaba francés. Otros tres niños vivían con la familia de acogida y la situación se estaba poniendo difícil para ambas partes.

Jin tuvo una depresión. Dejo de comer y lloraba constantemente. Su tutor de francés, que trabajaba conmigo en el Coffret, me contó que el cambio había sido arduo para ella emocionalmente. La escuela pidió que la cambiaran de familia de acogida porque su situación actual estaba afectando demasiado su salud.

Cuando acepté acogerla, me reuní con Jin y su padrino en un restaurante. Ella se acordó de que nos habíamos conocido en la fiesta de Navidad. La llevé a mi casa y le mostré el que sería su dormitorio.

Se quedó sola en el cuarto durante mucho tiempo sin querer salir. Tenía once años.

Llamé a mis dos hijos y les conté que tenían una nueva hermana. Esa noche, vinieron a la casa a cenar para conocerla y le dieron una cálida bienvenida a la familia. Hoy, ella considera a mis hijos como sus hermanos y, aunque son mayores que ella, es como si tuvieran la misma edad.

Jin cambió mucho al llegar a Quebec ya que la vida aquí era realmente diferente a lo que ella estaba acostumbrada. Un día, me contó que en China tenía que caminar por los canales para ir a la escuela. Allí, yacían bebitas muertas porque se permitía tener a un niño nada más, y como sólo los varones podían llevar el apellido, las hembras eran indeseables y por lo tanto terminaban en el canal. Algunas de las bebés todavía estaban vivas y lloraban, pero Jin sabía que no se le permitía recogerlas. Yo no podía creer que niñas inocentes fueran privadas de su derecho a la vida.

Cuando los inmigrantes llegan al país, algunos no entienden los conceptos básicos de la vida según los cuales nosotros hemos sido criados. Viven en constante adaptación y necesitan cambiar por completo su visión sobre el derecho a la vida, la igualdad, la libertad, la ética, la dignidad humana y muchos otros valores. Nosotros entendemos estos conceptos del Primer Mundo pero ellos a veces no. Muchas veces, no hay punto de comparación entre nuestros puntos de referencia y los suyos.

Mis perros tuvieron cachorros. Como Jin nunca había tenido un perro, le dije que podía quedarse uno, y lo llamó Picasso. El perro se convirtió en su bebé y en su hermano. Su padre empezó a decir que tenía una hija y un hijo en Canadá. Un día, Jin me dijo que quería ser francocanadiense, una quebequense.

Poco tiempo después de que Jin se mudó conmigo, recibí cuatro pilas de leña para la chimenea. Teníamos que apurarnos para apilarlas antes que la nieve y el hielo penetraran la madera. Éramos varios trabajando y al cabo de un rato Jin se acercó y nos preguntó si podía ayudarnos. Todos terminamos muy cansados después de tanto trabajo.

El siguiente día, recibí una llamada de la escuela de Jin. Querían que fuera lo más pronto posible porque Jin no podía moverse, era como si estuviese paralizada. En la escuela pensaron que yo la había maltratado al hacerla trabajar tan duro apilando la leña. Tuve que explicar al director que había sido idea de Jin ayudarnos porque había querido mostrarnos lo fuerte que era. Todavía me da risa cuando me acuerdo de este incidente.

Al inicio de 1998, recibimos refugiados de Colombia, un país que estuvo en guerra durante más de 60 años. Cuatro millones de colombianos se refugiaron en Ecuador, un pequeño país en donde no cabía tanta gente. Por lo tanto, Ecuador aceptó a los refugiados de manera temporal bajo la condición de que serían relocalizados. Muchos colombianos fueron aceptados en Europa, en los Estados Unidos y en Canadá. Saint-Jerome cuenta con más de 650 colombianos.

Muchos colombianos no estaban preparados para aprender el francés por lo tanto fue difícil para nosotros de integrarlos al sistema. Sabía que tenía que hacer algo para reducir la cantidad de refugiados colombianos que estábamos recibiendo. Cuando una persona es aceptada como inmigrante, tiene que tener el deseo de formar parte de nuestra sociedad, si no es así, se crean problemas sociales dentro de nuestras comunidades. No podemos permitir que eso ocurra porque nos impediría ayudar a otros que sí están dispuestos a aceptar todos los aspectos de sus nuevas vidas.

En junio de 1988, recibimos a los primeros refugiados de Kosovo y fue una experiencia muy diferente a la que habíamos tenido con otros refugiados. Normalmente, cuando los refugiados huyen de su país, se establecen en un campo de refugiados durante un cierto tiempo antes de ser trasladados a otro país, dándoles tiempo de aceptar sus circunstancias y aliviar un poco las tensiones. Pero en Kosovo, que estaba en pleno conflicto con Serbia, se tuvo que enviar un avión de Canadá para rescatar a algunas personas que estaban atrapadas en una montaña. Nunca habíamos tenido que lidiar con una situación tan urgente como esta para salvar vidas. Otros refugiados llegaron después de una corta estancia en Macedonia. Todos fueron extraídos lo más rápido posible de la zona de guerra por avión, y el gobierno ni siquiera tuvo tiempo de preparar sus documentos de identidad. Cuando llegaron a Canadá, fueron enviados a la base militar en la ciudad de Kingston, cerca de Toronto. Permanecieron allí hasta que preparamos todos los documentos y decidimos a dónde serían enviados.

Recuerdo haber recibido un fax urgente que contenía una lista de nombres de personas de Kosovo que estaban en ruta hacia Saint-Jerome. Era como si los nombres hubiesen salido de las nubes y hubiesen aterrizado en nuestra oficina. La lista enumeraba a noventa y dos personas pero sólo aparecían cuatro apellidos. Asumimos que debían formar parte de grandes grupos familiares al igual que sucede con nuestros clanes. No sabíamos quién formaba parte de qué familia por lo mismo era difícil organizar el hospedaje y otros servicios. Decidí ir a Kingston para hablar con algunos de ellos. Mathieu estaba de regreso de Bosnia y me acompañó a la base militar.

Entré en la oficina temporal de inmigración de Quebec que había sido instalada en una camioneta Winnebago. Me enviaron a la cafetería para que conociera a los que recién habían llegado; había 3,000 personas. Una niña de diez años, que jamás había visto, me abrazó y me preguntó en donde había estado. La saludé y su familia vino a ver quién era la persona que su hija abrazaba. Nunca olvidaré ese instante; momentos similares se han producido desde entonces, he conocido personas que siento como si las hubiera conocido toda mi vida, o quizás en otra vida; personas con las que inmediatamente se dio una conexión muy especial. No importa la edad o el idioma que hablen, este vínculo es como si nos hubiéramos conocido muchísimos años atrás. Esa niñita y su familia estaban en la lista para Saint-Jerome entonces me senté con ellos para descifrar quién era quién. Solamente en esa familia, había 35 personas. Una semana después, llegaron a Saint-Jerome y los ayudamos a que se establecieran.

Algunas familias no querían vivir tan cerca unas de otras, preferían vivir en lugares distintos. Eso nos facilitó la tarea porque era difícil encontrar apartamentos para doce personas. Una de las familias bajo mi responsabilidad era extraordinaria, era una familia muy grande pero todos se querían mucho. Diría que fue una de las familias que mejor se integró.

Muchas más familias llegaron de Kosovo. Nuestro personal los acompañó a sus nuevos apartamentos, los llevó a hacer compras y les mostró algunas aspectos básicos. Algunos de los hombres eran agresivos con mis empleados y dos de ellos renunciaron porque ya no querían seguir trabajando con ellos. Tuve entonces que llevar a algunos de ellos de compras. En el centro, habíamos asignado un cierto monto de dinero para cada refugiado y preparado una lista de cosas que teníamos que comprar. Necesitaba respetar estrictamente esta lista si quería seguir recibiendo fondos en el futuro. Pero cuando le pedí a uno de los hombres que escogiera un vestido y un pantalón para su madre, una señora mayor, me dijo que sólo quería que le comprara vestidos. Cuando le informé que debíamos respetar la lista de artículos autorizados, se enfadó y empezó a gritarme. Me escupió en la cara, lo cual me dolió y me molestó mucho.

La familia de ese hombre estaba sufriendo un choque cultural completo y no logró adaptarse a la vida en Canadá. Por lo tanto, decidieron regresar a Kosovo. Esto ocurre a veces y tenemos que aceptar que los refugiados necesitan un periodo de transición. Con buenas políticas y prácticas de integración, podemos mejorar su situación pero toda la comunidad tiene que involucrarse.

A finales de 1998, los padres de Jin vinieron a Canadá para celebrar la Navidad con nosotros. Llegaron a Nueva York en Nochebuena. Me llamaron para avisarme que habían tenido dificultades para alquilar un carro y me preguntaron si podría encontrar algo para ellos en Saint-Jerome. Fue difícil encontrar un auto el 24 de diciembre, pero finalmente logré encontrar uno en el barrio de La Fontaine. El dueño quería que recogiéramos el carro antes de las cinco de la tarde, pero ellos no llegarían a tiempo, entonces le dije que tendríamos que recogerlo más tarde.

Los padres de Jin tomaron un taxi hacia mi casa en Saint-Antoine y finalmente llegaron a las 11 de la noche. Estaba en la casa con Jin cuando su madre tocó a la puerta. La señora no hablaba ni inglés ni francés, y no tuvimos tiempo de presentarnos porque yo tenía que ir con el padre de Jin a recoger el auto. Tuve que familiarizarme rápidamente con su cultura pero nos tomó un poco de tiempo poder entendernos.

En China, le habían dado a la madre de Jin una visa de tres semanas, pero cuando llegó a Canadá las autoridades pusieron un sello en su pasaporte que le permitiría quedarse seis meses. Estaba tan contenta de poder quedarse más tiempo de lo que había previsto, pero tres semanas después, recibimos una llamada de las autoridades chinas diciendo que ella tenía que volver inmediatamente a China porque se había vencido su visa. Se asustó mucho y preparó sus maletas rápidamente. Los llevé a un restaurante asiático cercano para una última cena antes de partir. Podía ver que estaba muy nerviosa y Jin me traducía sus preocupaciones.

Jin me explicó que cuando su madre regresara a China, tendría que trabajar un año sin sueldo por haberse quedado más tiempo de que lo que su visa le permitía, un acto que era considerado ilegal. Le dije a Jin que el gobierno no tenía derecho de hacer eso, pero ella me contestó que la palabra "derecho" no existía en chino. Era muy difícil para mí aceptar algo así. Su madre quería vivir como budista pero era muy difícil para ella de hacerlo en China. Los conceptos fundamentales eran realmente diferentes. La situación que la esperaba me entristecía y con mucha preocupación nos despedimos. Por suerte, a través de su compañía, el padre de Jin preparó los documentos necesarios para que, dos años más tarde, su madre regresara a Canadá, esta vez como residente permanente. Vivimos juntas por un año en mi casa hasta que se compraron su propia casa en Saint-Jerome.

Cuando la madre de Jin volvió a Canadá, la llevé muchas veces al templo budista en el municipio de Arundel. Allí, ella pudo conocer la pequeña biblioteca que estaba repleta de libros, aunque en total desorden. No había voluntarios que se encargaran de mantener los libros en orden. La primera vez, cuando vio todos los libros sagrados tirados en el suelo, empezó a llorar e inmediatamente se puso a recogerlos. Al poco tiempo decidió trabajar como voluntaria en el templo.

En 2000, recibí muchas quejas de las escuelas acerca de los niños de Kosovo. Estos se estaban portando mal en clase y algunos actuaban con violencia. Decidimos organizar un campamento de día para esos niños.

Me encontré con una organización profesional llamada RIVO que trabaja en Montreal con víctimas de violencia organizada. Ellos nos ayudaron a desarrollar un programa que permitiría a los niños sobrepasar el ciclo de violencia en el que habían vivido. Las tres etapas del programa eran:

1. Personalizar su identidad de pre-guerra

2. Sobrepasar el conflicto

3. Proyectarlos hacia el futuro

En ese tiempo, no había fondos adecuados en el centro así que solicité recibir los fondos de mi seguro de empleo para poder subsistir. Decidí llever a cabo los campamento de verano en mi casa.

Alcanzamos nuestra primera meta tras investigaciones en la biblioteca de casa. Hicimos fotocopias de imágenes y fotos para mostrarles a los chicos quiénes habían sido ellos antes de la guerra. Vestimos a los niños con sus trajes nacionales y preparamos un espectáculo para los padres y las organizaciones asociadas a nuestros proyectos.

Para la segunda etapa del programa, los niños tenían que dibujar sus antiguas casas en una cartulina. Era difícil para ellos dibujarlas de memoria porque sus sentimientos estaban a flor de piel.

Mi casa era muy grande así que los niños podían usar el espacio para dibujar casas grandes incluyendo a todos los miembros de sus familias. También dibujaban animales de granja y jardines. Todas las casas se parecían mucho, todas eran casas grandes e independientes y, al parecer, propiedades autosostenibles.

Había doce niños y el más pequeño dibujó su casa envuelta en llamas y a su abuelo muerto en el suelo. Otra niña dibujo cadáveres detrás de la casa y me dijo que los policías no habían sido amables con ellos. Yo comenceé e decirle "bueno, tal vez fueron amables, pero…", en ese momento otro niño interrumpió con voz temblorosa y dijo que los policías habían sido muy malos.

Me di cuenta de que estos niños habían estado directamente involucrados en el conflicto y que deseaban hablar de eso, pero yo no me sentía capaz de poder enfrentar la situación sola. Como táctica para cambiar el tema, les dije que ya era tiempo de preparar el almuerzo. Empezamos a cortar zanahorias pero ellos seguían hablando de lo que les había pasado. Otra niña insistió que los policías habían sido extremadamente crueles.

Yo sabía que tenía que dejar lo que estábamos haciendo y realmente escuchar a estos niños. Me senté con ellos y les dije que podíamos hablar de lo que les había sucedido. Las cosas que estos niños compartieron conmigo fueron las escenas áás horríficas que había escuchado en mi vida.

Esos niños vieron a policías y a soldados atacar a civiles y cometer atrocidades espantosas. Vieron a mujeres clavadas a las puertas, así como Jesús había sido crucificado, para luego ser atacadas sexualmente, violenta y repetidamente. Vieron a mujeres embarazadas cuyos vientres habían sido hendidos y sus entrañas extraídas. Vieron a bebés cortados en pedazos. Fueron testigos de cosas tan horrendas que ningún niño ni adulto debería ver en su vida.

Continuaron contándome sus experiencias trágicas y lloraron hasta que ya nos les quedaron más lágrimas. Entonces Ariana, una de las niñas, dijo: "Aquí también debe de haber niños tristes. Quizás podemos ayudarlos". Otro preguntó: "¿Y si vamos a visitar a niños enfermos en el hospital?".

Finalmente, dejaron de revivir el conflicto y describieron sus aspiraciones para el futuro. Los niños cambiaron después del campamento y se portaron mejor en la escuela. Por mi parte, necesité tres años de terapia para poder recuperarme de todo lo que contaron ese día.

En septiembre de 2001, las campañas electorales municipales comenzaron. El alcalde había logrado amalgamar las municipalidades de Saint-Antoine, La Fontaine y Bellefeuille con la de Saint-Jerome. Había sido aprobado por el gobierno y yo no podía creer que lo habían hecho sin consultar al público. Era un insulto a la democracia.

Fui a ver el alcalde y le dije que deseaba formar parte de su partido electoral. Le expliqué que era para asegurarme de que alguien se encargaría de las necesidades futuras de las municipalidades que habían sido forzadas a amalgamarse y de que seguiríamos teniendo acceso a los mismos servicios de siempre. El alcalde declinó mi propuesta, entonces le dije que visto que no me quería en su equipo, formaría parte de la oposición.

En ese tiempo, el alcalde de Saint-Antoine era el líder del partido político de la oposición. Pero el 8 de septiembre, le dio un infarto y los médicos le dijeron que tendría que renunciar por razones de salud. Necesitábamos encontrar un nuevo líder, entonces organizamos una reunión en un hotel durante la noche del 11 de septiembre.

Yo era vicepresidente del Consejo Regional para el Desarrollo de las Laurentidas así que invité a todos los representantes de la región norteña de las Laurentidas, ya que esta región se vería afectada por toda decisión que se tomase. Todos quienes estuvieron presentes presentaron sus propuestas de cambios a las políticas para ayudar al desarrollo de sus negocios. De pronto, se escuchó una conmoción en el corredor. Alguien abrió la puerta de la sala de conferencias y gritó: "¡Vengan rápido, están atacando a los Estados Unidos!"

Un empleado del hotel había colocado un televisor gigante en la entrada y allí vimos la segunda Torre Gemela derrumbarse. Pensé en mi hijo, quien estaba en Bosnia. Si este incidente causaba una guerra, mi hijo se vería en medio de esa gran batalla. Me derrumbé por dentro y pensé, ¿qué le pasa al mundo?

Estaba convencida de que estábamos viendo el inicio de la Tercera Guerra Mundial. Todos estábamos con las emociones a flor de piel y totalmente conmocionados. Quería anular la reunión pero, debido a que muchos de los participantes habían venido desde lejos para asistir en la reunión, tuvimos que continuar.

Uno de los participantes comentó que cuando la gente sentía que nadie los respetaba era cuando ocurrían cosas como lo sucedido en Nueva York. Su comentario me enfureció tanto que le dije que estaba completamente equivocado y que era irrealista comparar su situación local con el problema del islam o el de Nueva York. Pospuse la reunión y organicé otra, una junta de emergencia con las autoridades para discutir los ataques en Nueva York.

Una vez que las autoridades estuviesen reunidas, mi objetivo era asegurarme de que estaríamos listos en caso de que hubiera un influjo de personas huyendo de los Estados Unidos. Las autoridades del aeropuerto de Mirabel estaban preparadas para recibir los vuelos que serían desviados de Nueva York. La Asociación de Turismo de las Laurentidas puso a disposición cuartos de hotel y otros alojamientos para los que llegaran inesperadamente a nuestra región. Una vez que estos asuntos estuvieron bajo control, me fui corriendo a otra reunión en el departamento legal durante la cual se determinaría quién iba a presentar su candidatura para ser alcalde. Los consejeros municipales de cada distrito se presentaron y cada uno dio la razón por la cual no podía presentarse para el puesto de alcalde de Saint-Jerome. Uno de los consejeros me miró y dijo: "Line, eres la única que se puede presentar en las elecciones".

Seguí pensando en mi hijo que estaba lejos, en el medio de una guerra, y en la posibilidad de una tercera guerra mundial y me di cuenta de que si presentaba mi candidatura, podría influir en lo que pasara en el futuro. Me presenté como candidata para ser alcalde y la campaña electoral duró dos meses. Estaba muy comprometida a la causa. Estaba a la cabeza hasta que contaron los últimos votos, los de LaFontaine, el distrito del alcalde actual. Me ganó por mil votos.

A pesar de haber ganado, el alcalde estaba molesto conmigo por haberme presentado como candidata y para castigarme compró la Casa Blanca del banco y nos expulsó. Doce organizaciones operaban en ese edificio y de pronto todos teníamos que irnos. No podía creer que él hubiese hecho eso. Me llevé todo y nos instalamos en mi casa.

Colocamos un cartel frente a la casa y la nombramos la "Casa Blanca".

Después del 11 de septiembre de 2001, el ejército canadiense se unió al ejército americano y entraron en Afganistán. Esto puso fin a los soldados conocidos como los "Cascos Azules". Estos soldados, que usaban cascos o boinas azules, forman parte de las fuerzas de paz de las Naciones Unidas. No entablan combates, más bien ayudan a reparar el país y asisten a los civiles. Cuando mi hijo, que era un Casco Azul, estuvo en Bosnia, ayudó a construir escuelas y a reparar puentes que habían sido dañados durante la guerra. Pero en Afganistán, el objetivo era invadir y atacar, por esta razón los Cascos Azules recibieron órdenes de quitarse los cascos e iniciar un entrenamiento ofensivo. En medio de la clase, Mathieu se paró y se fue, pero lo arrestaron y le dijeron que estaba obligado a regresar al entrenamiento. Él le dijo a sus superiores que no podía pelearse, pero ellos le explicaron que la única manera de salirse de eso era mediante un certificado médico que estableciera que no podía participar en combate activo por razones psicológicas. Mi hijo vio a un médico para que le diera el certificado. Además, su novia estaba embarazada así que afortunadamente pudo dejar el ejército y volver a casa.

En 2002, fui a ver una iglesia abandonada en la municipalidad de Saint-Lucien que recientemente había sido comprada por un grupo de doctores que querían construir una clínica. Los Liberales estaban ahora en poder en el gobierno provincial, y no permitieron que el proyecto se realizara. Los doctores aceptaron venderme la iglesia y les di 5,000 dólares como depósito. El alcalde se enteró del depósito e inmediatamente cambió la zonificación. Se publicó un artículo en el periódico local titulado "Saint-Jerome cambia una zonificación para evitar que la Fundación Clara Bourgeois se mude a la Iglesia Saint-Lucien".

Estaba consternada por este comportamiento. Recientemente, algunos refugiados se habían mudado a la región y yo les había dicho que llegaban a un lugar de paz; sin embargo, había una especie de guerra en Saint-Jerome. Le pedí a mi primo, quien conocía al alcalde, que lo convenciera de hablar conmigo para que pudiéramos resolver nuestras diferencias.

Nos reunimos en un restaurante frente a la Iglesia Saint-Lucien. Llegué primero y fui al baño para lavarme las manos. Me miré en el espejo y de pronto me dio un ataque de cólera. Empecé a gritar a mi reflejo: "¡No puede ser! No te vas a poner de rodillas una vez más porque él siempre va ganar. ¡Tampoco le vas a pedir que te tenga lástima! ¿Éste qué se cree? ¿Qué tiene de especial ese hombre? ¡No te vas a arrodillar frente a él!"

Estuve en el baño durante veinte minutos, me sentía muy mal, hasta que una pequeña voz en mi cabeza me dijo: "Line, no es por ti que lo haces, es por el bienestar de los refugiados". Era verdad, lo estaba haciendo por todos quienes ni siquiera tenían un país. Recuperé mi autocontrol y me dirigí hacia la mesa.

Me senté con él y con calma traté de hablarle de varios asuntos, pero él no quería escuchar nada. Me dijo que no quería que prosiguiera mi trabajo en Saint-Jerome y por lo tanto, no me necesitaba. Básicamente, me estaba diciendo que prefería que yo no existiera en su área. Me despedí y me fui del restaurante.

Por su culpa, ya había perdido mi depósito de 5,000 dólares. Para nosotros, esto representaba mucho dinero y ahora tendría que encontrar otro edificio.

Fui a la catedral para ver al cura que era primo lejano de mi bisabuelo. Lo primero que me dijo cuando llegué fue preguntarme si quería la Iglesia Sainte-Marcelle. ¡Por supuesto que la quería! Estaba tan sorprendida porque ni siquiera le había dicho por qué venía a verlo.

Esa noche, tuvo una reunión con los miembros de la iglesia y les anunció que la iglesia iba a cerrar y que sería demolida. Vi a muchos llorar al escuchar la noticia.

Cada iglesia en el área es administrada por un consejo llamado FABRIQUE. Averigüé quiénes eran y dos días después, fui a verlos para ofrecerlos una solución. Les propuse establecer nuestra organización en la Iglesia Sainte-Marcelle. Me dijeron que era un ángel y que yo era la respuesta a sus oraciones. La verdad era que ellos eran la respuesta a las mías. Fue un beneficio mutuo que

FABRIQUE hubiese aceptado vendernos la iglesia. La misa seguiría siendo el domingo, como siempre, y nosotros organizaríamos actividades adicionales.

Era primavera y el obispo de la diócesis estaba en Roma por un par de meses. Le dije al cura que queríamos instalarnos sin demora, pero él quería esperar a que regresara el obispo para que aprobase la venta ya que el obispo tenía la última palabra. Le recordé entonces que el obispo había cerrado la iglesia de Saint-Adolphe-d'Howard y que no podíamos permitir que siguieran cerrando iglesias, sino todas terminarían abandonadas como la de Saint-Lucien.

En esa época, los obispos tenían mucha autoridad en la región de las Laurentidas. Durante muchos años, ese fue el caso. Incluso, los obispos trabajaban con el gobierno. No pude convencer al cura de que nos dejara mudarnos, decidió que la iglesia cerraría el 1º de julio, lo que quería decir que iban a cortar la electricidad, el agua y el gas. Esto implicaba que luego tendríamos que pagar 50,000 dólares para volver a reconectar todos los servicios públicos. Estaba tan preocupada que llamaba al cura todos los días, diez veces al día, repitiéndole que nosotros pagaríamos los costos de mantenimiento del edificio hasta que la decisión final fuese tomada. Sabía que lo estaba cansando con mis llamadas. El día antes de la fecha de clausura, lo llamé de nuevo, esta vez para decirle que si cerraba la iglesia, sería un crimen contra la humanidad. Por fin, me dijo que firmaría el contrato de arrendamiento con nosotros para que pudiéramos mudarnos a la iglesia.

Llenamos un camión con nuestros muebles y equipo de oficina, nos mudamos a la iglesia, conectamos las líneas telefónicas y nos instalamos. Cuando el obispo regresó, no estaba nada contento con la decisión que había sido tomada. Quería que nos fuésemos de la iglesia. Le expliqué que nuestra misión era responder a las necesidades de la comunidad y que, al estar en la iglesia, también servíamos al Señor.

El obispo estaba tan furioso que ni siquiera quiso hablarnos directamente, se dirigía a un intermediario que estaba en la sala. El mensaje era claro, nos quería fuera de la iglesia a la mañana siguiente. Pero yo le contesté que no nos mudaríamos ni la mañana siguiente, ni la semana siguiente, porque la iglesia tenía el deber de servir a la comunidad y era la comunidad la que necesitaba que permaneciéramos en esa iglesia. Así fue que, aunque muchas personas trataron a la fuerza de sacarnos, nos quedamos en nuestro edificio sagrado.

En 2003, decidí hacer una práctica en la Comunidad de Sant'Egidio en Roma. Me había enterado que ellos tomaban edificios vacíos y los convertían en lugares para ayudar a los pobres. El Vaticano administra todos los edificios religiosos en Roma, entonces cuando una iglesia o un convento cierra, el Vaticano dona el edificio a la Comunidad de Sant'Egidio. Completé mi práctica y aprendí a administrar una iglesia.

Después de la práctica, regresé a Saint-Jerome e investigué cómo transformar iglesias para que funcionaran bien dentro de la comunidad. Convencí a la administración de FABRIC que esto era lo mejor que podíamos hacer. Pasó un año antes de poder comprar nuestra iglesia, lo cual logramos en 2004 y finalmente el obispo entendió lo que estábamos haciendo. Durante ese tiempo, vio cómo había crecido la congregación de la iglesia y notó que la iglesia estaba más animada que nunca. Hasta hoy, más de 1,500 personas pasan por las puertas de la iglesia cada semana.

Una vez instalados en la iglesia, hice otra práctica, esta vez con el Gobernador General de Canadá. En ésta, entrenan a los futuros líderes del país. Yo quería asegurarme de que había suficiente jóvenes líderes potenciales que se conocieran entre sí y que pudieran trabajar juntos exitosamente.

Capítulo XV

Cuando recibí la trágica noticia de que mi amiga Lizzanne había muerto a causa de la enfermedad de Crohn me sentí muy afligida. Es tan triste cuando nuestros seres queridos fallecen ya que la muerte de alguien importante para nosotros siempre nos hace recordar los momentos especiales que vivimos juntos. Lizanne y yo siempre estuvimos en contacto. Su hija y yo tratamos de mantener la comunicación después de su muerte, pero cada vez que nos veíamos, era demasiado difícil para ella así que, gradualmente, se fue distanciando de nosotros.

En el invierno de 2004, decidí acompañar a mi madre a México, fue una decisión de último minuto. Fue en ese invierno que hubo un tremendo tsunami en el sur de Asia. Sentí una inmensa tristeza al ver en las noticias todo lo sucedido, sobre todo por la gran cantidad de muertes a causa de esta catástrofe. Cuando regresé al Coffret, mis colegas me dijeron que el Obispo necesitaba verme urgentemente y que había tratado de contactarme durante mi ausencia. Tuve que armarme de valor y repetirme: "No le tengo miedo al Papa, así que tampoco debo de tenerle miedo al Obispo".

Lo fui a ver y me dijo: : "Line, tenemos que organizar un servicio religioso en honor a todos los niños que murieron en el tsunami. Tú eres la única que lo puede organizar". Me sorprendió mucho que a pesar de nuestras diferencias, finalmente hubiera reconocido el valor de lo que yo hacía y que se hubiera dado cuenta de que yo era la única persona a la que se le podía confiar tareas como ésta. A partir de entonces tuvimos una muy buena relación.

***

Hacia finales del otoño de 2005, mi hermano Michel murió debido a complicaciones con su enfermedad. Él sabía que iba a morir en cualquier momento a causa de la hepatitis que sufría, pero nunca se imaginó que esto ocurriría a los 50 años de edad. Fue horrible, yo estaba en estado de shock y sin poder creer lo que estaba ocurriendo. Su esposa y sus dos hijos estaban totalmente devastados. Sentí que por haber estado ocupándome de asuntos relacionados a la comunidad, no me di el tiempo de cuidar a mi propio hermano. Me sumí en una profunda depresión de la cual no lograba salir. Durante ese tiempo estuve viviendo con Jin y con su madre, y a pesar de que contaba con su compañía en todo momento, no podía escaparme del terrible sentimiento de pérdida.

A pesar de que fuimos criados dentro del catolicismo, para su funeral, mi hermano no deseaba un servicio religioso en la iglesia. Lo que él quería era que su cuerpo fuese expuesto en una funeraria para que sus seres queridos pudiesen despedirse de él y que después cremaran su cuerpo. Jin, su madre y yo llevamos velas para colocarlas cerca del cuerpo de mi hermano, pero la funeraria no permitía el uso velas ya que, debido a sus reglas, se prohibía el uso de fuego. Nadie podía comprender cómo era posible que nos hubiésemos convertido en una sociedad en donde no se permitía encender velas en una situación así. Era la primera vez que no llevábamos a cabo un servicio religioso en una iglesia por la muerte de un familiar, así que teníamos la necesidad de hacer algo como homenaje a mi hermano.

Mi hijo menor invitó a la familia y a los amigos más cercanos a mi casa. Mi hijo y mi sobrino compraron muchas botellas de bebidas alcohólicas en el SAQ, un establecimiento en donde se vende todo tipo de alcohol, y todos nos reunimos para tener una vigilia en honor a mi hermano. Esta no era una tradición nuestra pero en ese momento era la única forma de aceptar y sobrellevar el shock de su muerte.
Todos teníamos una estrecha relación con la esposa de Michel pero después de la muerte de mi hermano, ella se mudó más al norte, a Saint-Lin, junto con su hijo menor, así que ya no nos vemos tan frecuentemente como antes. Mi cuñada no conduce, así que le es difícil ir a Saint-Jerome. Su hijo mayor vivía cerca de mi casa y decidió quedarse en el área. Yo lo cuidaba cuando era pequeño y hasta la fecha, siempre hemos tenido una relación estrecha.

＊＊

Después de la muerte de Michel, sufrí mucho, tanto que no podía dejar de llorar. Estaba consciente de que tenía diversas responsabilidades que cumplir. Tenía muchos empleados y estaba involucrada en varios comités y organizaciones. Comenzó a resultarme muy difícil tomar decisiones ya que no podía evitar preguntarme por qué no había atendido mejor a mi hermano. Me repetía que había tomado la decisión incorrecta y este pensamiento me acechaba en todo momento. Necesitaba irme lejos para poder calmarme, ubicarme y lograr hallar mi centro, pero no sabía a dónde ir. Inicialmente pensé en viajar a Israel pero no conocía a nadie ahí. En esa época conocí a mi amiga Helene, quien me comentó que iba a una exposición en Abu Dhabi. Esto lo tomé como una señal y pensé que sería un excelente lugar para visitar y así lograr comprender mejor la fe musulmana y conocer acerca de la vida de las personas del Medio Oriente. Le dije a mi amiga que iría con ella en este viaje.

Tan pronto como tomé la decisión, sentí que la energía comenzaba a resurgir dentro de mí porque sabía que esta experiencia me sacaría de la depresión que tanto me abrumaba. Ese mismo día recibí la llamada de la hermana de un amigo de Michel que llamaba para darnos el pésame. Le conté que pensaba ir a Abu Dhabi y ella me comentó que su hermano era piloto de la aerolínea Emirates y que vivía cerca de Dubai, en una residencia para pilotos. Su hermano me envío las llaves de su departamento para que me quedase ahí durante todo el mes que duraba mi viaje ya que él estaría viajando. No podía creer mi buena suerte, fue una enorme bendición.

Comencé a organizar mi viaje. Este era el momento de recargar mi energía para lograr enfrenar los retos futuros y aceptar los que ya se habían presentado.

Mientras tanto, reuní un equipo de trabajo y organicé el carnaval local de Saint-Jerome. Muchos de los nuevos inmigrantes y de los refugiados que venían de países de clima más cálido se quedaron en sus casas todo el invierno ya que era demasiado frío para ellos. Me pareció necesario hacer algo para lograr hacerlos salir de sus hogares, así que pensé que un carnaval era lo adecuado. Planeamos diferentes tipos de eventos, como por ejemplo, una carrera en trineos tirados por perros. Decidimos que el carnaval sería el 10 de febrero, la cual era también la fecha de mi cumpleaños. Tuvimos una reunión de equipo y se decidió que sería buena idea nombrar una Reina del Carnaval, esta era una antigua tradición local que se había dejado de seguir. Organizamos el baile de coronación y les pedimos a las candidatas que llevaran un vestido de fiesta que representara su país.

Una de las chicas sería coronada Reina del Carnaval durante el evento. Decoramos el salón de fiestas y colocamos una alfombra roja para los 250 invitados que asistieron. Jin, quien para mí era como una hija, representaba a China. Cada chica tenía que hacer una pequeña presentación y al final de la noche todo el mundo votó por su candidata favorita. A mí no se me permitió votar ya que yo era parte del comité organizador. Después de contar los votos, se anunció el resultado. Estábamos emocionados y muy felices ya que la elegida para ser Reina del Carnaval fue Jin.

Fue una noche increíble y al final del evento, la madre de Jin me llevó al aeropuerto con todo y maletas, eran las dos de la madrugada cuando me dejó ahí. Había comenzado una intensa tormenta de nieve y mi vuelo se canceló. Tuve que esperar varias horas para tomar mi vuelo a Nueva York y una vez que aterrizamos, nos avisaron que no podíamos partir a Dubai debido al mal tiempo. Estuve en la terminal del aeropuerto de Nueva York durante 36 horas. Era la única mujer blanca que volaba sola a Dubai, me encontré rodeada de personas árabes y judías que iban a volar en la aerolínea Emirates, la cual en ese tiempo era la que ofrecía el servicio más directo para volar al Medio Oriente. Estaba muy cansada y necesitaba dormir. Fui al baño y tomé una pequeña siesta abrazada a mis maletas, pero no fue la mejor opción y tuve que buscar otra alternativa. Había una mezquita, una sinagoga y una pequeña capilla dentro de la terminal y las dos primeras estaba llenas así que tomé mis maletas y entré a la capilla y me acurruqué con mis cosas como si fuese un indigente. Me desperté abruptamente a causa de un ruido muy fuerte, se trataba del conserje que estaba cerrando la capilla con llave. Tuve que correr para decirle que estaba adentro, me dejó salir no sin antes decirme que no estaba permitido dormir adentro de la capilla.

Le di gracias a Dios por haberme permitido salir de la capilla a tiempo, porque en caso contrario, habría perdido mi vuelo ya que un par de horas más tarde el avión ya estaba listo para despegar hacia Dubai.

Viajé sola ya que mi amiga Helene se reuniría conmigo en Abu Dhabi. Cuando llegué a Dubai, ya era muy de noche. No hablaba árabe y todo lo que llevaba conmigo era un mapa que había dibujado para encontrar la casa en donde me hospedaría. Tomé el mapa y me acerqué a un taxista para pedirle que me llevara a la casa, pero no quiso llevarme debido a que nadie quiere llevar a una mujer sola. Se notaba que les parecía muy extraño que yo viajara sola, sin la compañía de un hermano, de mi padre o mi marido. Seguí discutiendo y tratando de negociar con los taxistas para que me llevaran, después de varias horas de discusión, un hombre mayor aceptó llevarme. Este taxista miraba mi mapa sin comprenderlo en absoluto, así que les pidió a los otros taxistas ayuda para localizar el área en la que estaba ubicada la casa.

Cuando llegamos me quedé totalmente sorprendida, aquello no era una casa, era un palacio. Después de entrar e instalarme, seguía asombrada de lo bella que era esta mansión.

Muy temprano por la mañana, cuando todavía estaba oscuro, se escucharon unos gritos muy fuertes: "Haaallllaaaahhhhh", pensé que había fantasmas en la casa. Había tenido muchas experiencias con espíritus en mi casa durante los últimos 30 años, así que estos ruidos no me extrañaron. Busqué el origen del ruido pero los gritos cesaron y no logré descubrir qué había sucedido. Cuando salí a caminar a la mañana siguiente, me di cuenta de que había una gran mezquita al lado del "palacio". Los gritos que escuché habían sido el llamado del muezzin a todos los fieles para llevar a cabo el primer rezo del día. Así comenzó mi estancia en Dubai. Todo me resultaba sorprendente.

***

Un día durante el viaje, Helene y yo alquilamos un coche para ir a Nizwa, la antigua capital de Oman. Debido a las fuertes lluvias que azotaron la región, habían cerrado algunas carreteras. Nos perdimos y gracias a esto, encontramos una increíble zona de ruinas de las que nadie sabía su antigüedad. Necesitábamos encontrar la carretera de regreso, así que tomamos un atajo a través del desierto. Tan pronto como entramos en las dunas, el coche se atascó. Esto me recordó a los conductores primerizos en Quebec cuando sus coches se quedan atascados en la nieve.

De repente, aparecieron dos enormes jeeps 4 x 4, cada uno con cuatro hombres de origen omaní. Nosotras no hablábamos árabe pero el jefe del grupo buscó la manera de comunicarse con nosotras; nos hizo creer que podría sacar nuestro coche de la arena y nos pidió las llaves. Dudé mucho antes de dárselas, pero sabía que no tenía opción. Dos o tres segundos después, sacó el coche de la arena, pero no quería devolvérnoslo. Los otros hombres se reían y a mí me estaba subiendo la presión de manera impresionante.

Le grité a Helene que se subiera al coche en el asiento del copiloto. Tomé al hombre y tiré de él para sacarlo del coche. Una vez que lo saqué, me tomó un segundo subir al coche y tomar control del volante. Di un giro de 180 grados y salimos tan rápido que lo único que quedó fue una nube de polvo detrás de nosotras. Comencé a conducir a velocidad máxima en dirección a la aldea. Los hombres subieron a sus jeeps y comenzaron a seguirnos. Cruzamos la aldea a toda velocidad y tomamos la autopista nacional. Una vez que recorrimos varios kilómetros nos sentimos a salvo, por lo que decidimos que era seguro pararnos a un lado de la carretera para tomar un respiro.

Nuestros corazones seguían latiendo a velocidad extrema, pero intentamos relajarnos un poco y comenzamos a reírnos de nuestra aventura. Creo que la valentía que necesité para sacar a ese hombre del coche fue gracias a mi interacción con los refugiados de Kosovo y el haber conocido sus historias. Tuve que encontrar la forma de desprenderme de la realidad de la situación para lograr hacer algo fuera de lo normal, algo que no era parte de mi naturaleza, algo que sobrepasaba mi límite de tolerancia y poder así mostrar una autoridad y fuerza que no sabía que tenía dentro de mi ser.

Line en la antigua capital de Oman

En general, mi experiencia en Dubai fue maravillosa. Era la primera vez que vivía experiencias de primera mano en relación a esta cultura. Muchas mujeres llevaban velo y los hombres se visten de manera diferente a lo que estaba yo habituada, pero fue en ese país en donde me encontré a mí misma. Volví a Quebec curada y mucho mejor respecto a la muerte de mi hermano. Me sentía más fuerte y con la energía suficiente como para seguir adelante.

El siguiente invierno, cuando mi madre tenía alrededor de 76 años, me dijo que quería ir a México, pero yo sabía que debido a su edad, sería muy difícil para ella hacerse cargo de sus maletas y de todo lo que implicaba una larga estadía en ese país. Viajé con ella varias veces para ayudarla a instalarse en el apartamento, pero no siempre podía viajar con ella. Tenía mucho trabajo ya que habíamos cambiado el Coffret a su nueva ubicación, la cual era en la iglesia, por lo tanto me sentía abrumada con tanto trabajo. Tuve muchas dificultades con la organización que estaba ubicada en el mismo edificio que nuestro centro y me topé con diversos retos.

Seguía escuchado la voz de mi difunto padre diciéndome que debía llevar a mi madre a México, pero sentía que tenía que quedarme y continuar con mi trabajo. Una mañana me desperté y vi que el pasaporte de mi padre estaba sobre la mesa de la cocina. Nunca lo había visto ahí, así que no me quedó más remedio que reírme y decir en voz alta: "¡Está bien! Lo haré".

Ese mismo día surgió un conflicto entre dos organizaciones que compartían el edificio de la iglesia. Me encontraba en el campanario de la iglesia, en donde estaba ubicada mi oficina, y al bajar las escaleras me topé con el gerente de una de estas organizaciones que iba subiendo para hablar conmigo. Se notaba que estaba muy enojado. Era un hombre muy violento y comenzó a gritarme. Me dije a mí misma: "¡Que lata! Gracias a Dios que ya me voy a México. Me hará mucho bien el viaje y además hace mucho que no voy a Pie de la Cuesta".

El hombre no paraba de gritar y yo seguía pensando en mi viaje a México. Me dijo: "¿Entiende usted lo que le estoy diciendo?", y yo le dije: "Sí, claro", pero obviamente no había escuchado ni una palabra de lo que había dicho.

Esa noche, recogí a mi madre, no se dio cuenta de que llevaba mi maleta en el coche. Llegamos al mostrador de la aerolínea y pregunté si había boletos disponibles para el vuelo que mi madre iba a tomar, pero me dijeron que el vuelo estaba lleno. Mi madre me preguntó: "¿Qué haces?", le dije que iba con ella a México.

Le pregunté al agente de la aerolínea si era posible hablar con su jefe, necesitaba hacer todo lo posible por tomar ese vuelo. A regañadientes, la chica trajo al gerente y lo convencí de dejarme tomar el vuelo. Volé a México con mi madre; ella iba feliz ya que llevaba muchas maletas de gran tamaño y no podría cargarlas ella sola.

Cuando llegamos al apartamento, tuvimos que hacer limpieza y desempacar todas sus cajas como si se estuviese mudando de nuevo. Esto sucede cada año.

La mañana siguiente, la llevé a Pie de la Cuesta y vimos en el mar a doce hermosos delfines haciendo un espectáculo maravilloso. Tomé esto como una señal de que mi padre me agradecía el haber acompañado a mi madre a México.

Al regresar al apartamento, vi un señalamiento que indicaba que en las afueras de Acapulco, un nuevo sitio arqueológico acababa de abrir sus puertas. Me encantan estos lugares, así que decidí ir al día siguiente. Mi madre no quería que fuera, me dijo que yo no hablaba español y que sería peligroso ir sola.

Me levanté muy temprano al día siguiente y pedí a los empleados del hotel que me indicaran en dónde tomar el autobús a este sitio arqueológico. La estación de autobuses estaba llena de mexicanos que vivían en la localidad. Me subí al primer autobús pero el chofer me miró y dijo "No, no, no".

Cerró la puerta y vi el autobús partir. Esperé durante veinte minutos para tomar el siguiente autobús. Vi a algunas personas de Quebec subir al autobús que iba a este sitio, así que pensé que esta vez tendría mejor suerte, pero de nuevo, el chofer me dijo "No, no, no".

Igual que el otro chofer, también cerró la puerta y se marchó sin dejarme subir al autobús. Esperé por un tercer autobús y me sucedió exactamente lo mismo. No comprendía lo qué estaba pasando. Finalmente, decidí abandonar el plan de visitar este sitio y me fui caminado al hotel. El hotel quedaba lejos de la estación de autobuses, así que me detuve en el camino a visitar varios museos locales. Llegué a casa al final del día, y cuando entré al departamento, mi madre me dijo: "¡Gracias a Dios que ya estás de regreso!", noté en ella un gran alivio al verme.

Le pregunté "¿Por qué?"

Me contestó: "Después de que te marchaste, le dije a unas personas que habías ido a ver ese sitio arqueológico, y me dijeron que han secuestrado a turistas allí y que era muy peligroso ir sólo a ese lugar. Recé a tu padre para que impidiera que fueses a ese lugar".

Le respondí: "¡Pues sí que te escuchó! Traté de tomar tres autobuses y a ninguno me dejaron subir".

Me alegró el saber que mi padre sigue cerca de mí y que a pesar de que no está físicamente entre nosotros, siempre está ayudándome en todo. Muchas veces sus amigos han venido a verme y me han dicho cosas como: "De pura casualidad, ¿necesitas ayuda con esto?", y resultaba ser que justamente necesitaba ayuda en ese preciso momento. Siempre he sabido que es mi padre enviándome a sus amigos para ayudarme.

Mi madre en su juventud

En 2007, terminé unos estudios que estaba cursando en la Universidad de la ONU en Estrasburgo, Francia. El campus estaba ubicado a la orilla del río que atravesaba el pueblo. En una sesión en la que se habló sobre la ONU estábamos presentes 50 personas de diferentes países. Estábamos llevando a cabo investigaciones acerca de cómo viven los refugiados en algunas partes del mundo. Todo lo que investigamos y descubrimos fue realmente triste, todos sentimos que el alma se nos quebraba en mil pedazos. Durante la pausa salimos y nos sentamos en una pequeña colina; todo el grupo estaba en silencio. Teníamos la mirada perdida sobre el valle, fue en ese momento y al lado de este grupo de visionarios, que decidí consolidar mi fuerza otra vez y ver el futuro con ánimo y deseos de cumplir la misión que teníamos en el mundo.

Para poder cumplir mis objetivos, casi siempre trabajo en soledad sobre mis pensamientos y mis planes. Siento que tengo una visión internacional, pero generalmente, me siento sola en este aspecto. En ese momento en la colina, me di cuenta de que no estaba sola. Sabía que no había suficientes personas como nosotros en el mundo, personas que se preocuparan por los demás, pero en ese momento, sentí que no estaba sola.

Se nos informó que Canadá, Australia, Nueva Zelanda, Estados Unidos y Dinamarca, acababan de firmar un acuerdo para cerrar los campos de refugiados en Nepal y apoyar a los refugiados. Ninguno de nosotros tenía idea de lo que había sucedido en Nepal.

Anita Gustafson, una joven cineasta sueca, pasó muchos años en Nepal y visitó varios campos de refugiados. Hizo un documental acerca de ellos llamado "Killing Time" (Tiempo muerto), el cual ganó el primer lugar en el Festival de Cine de Montreal. Ella ejerció presión en la ONU para que se hiciera algo acerca de la situación de las personas en estos campos. Algunos de estos refugiados habían vivido en los campos durante veinte años. El ACNUR (Alto Comisariado de las Naciones Unidas para los Refugiados) convenció a varios países de aceptar refugiados y así cerrar los campos.

Bután es un país que se localiza en el extremo oriente de la cordillera del Himalaya y limita con China, Nepal e India. Era un país regido por una monarquía absoluta pero hoy en día es una monarquía constitucional, gobernada por el rey. El rey anterior murió hace aproximadamente 25 años y a su muerte, su hijo subió al trono. El nuevo rey estudió en Inglaterra y se dio cuenta de que muchas monarquías se estaban volviendo democracias. En una democracia gana lo que la mayoría decida. El rey se dio cuenta de que si deseaba permanecer siendo el rey de su país, era necesario que tomase algunas medidas, una de la cuales era asegurar que existiese homogeneidad entre su gente.

Durante el reinado de su bisabuelo, se invitó al los habitantes de Nepal a cultivar las áreas rurales deshabitadas en el sur de Bután. El rey quería que su país fuera autosostenible en cuanto a la agricultura.

La gente de Nepal llegó a esta región, limpió la zona y comenzó a cultivar la tierra para alimentar al país. Estuvieron ahí durante más de tres generaciones y muchos de los niños de estas familias eran butaneses ya que habían nacido ahí, de hecho, la mayoría jamás había visitado Nepal.

El nuevo rey deseaba un país homogéneo en donde todos fuesen budistas y hablasen butanés. La religión de la mayoría de los nepaleses era el hinduismo y hablaban nepalí.

En esa época, la población de Bután era de cerca de 800, 000 personas, de las cuales 116, 000 eran de origen nepalés. El rey impuso cambios radicales a la minoría que no era budista, pero esta parte de la población rechazó el cambio y debido a esto se originó una separación territorial entre el norte y el sur del país, teniendo como mayoría al rey y a los butaneses de origen; todos ellos ubicados en la parte norte del país. El rey les dio una fecha límite a los butaneses para que cambiaran de religión, de forma de vestir y de idioma, si no acataban las nuevas reglas serían expulsados del país. La situación se deterioró rápidamente y encarcelaron, torturaron y mataron a muchas personas; otros se vieron forzados a escapar del país. Nepal no deseaba aceptarlos porque ya habían recibido muchos refugiados del Tíbet y no estaban dispuestos a que surgiera un mayor desequilibrio étnico.

Se dirigieron a la India, pero este país también los rechazó. No tuvieron otra alternativa que ir a los campos de refugiados en Nepal, cerca de la frontera con India. Muchas de estas personas vivieron en los campos de refugiados alrededor de 20 años.

Durante mi estancia en Estrasburgo, pensé que sería buena idea hacer un cambio en el país de origen de los refugiados que estábamos aceptando de Bután. Hablé con las autoridades de Canadá y Quebec, se aceptó mi propuesta y empezamos a ayudar a los refugiados de Bután.

Vi un artículo en el periódico que hablaba sobre el documental "Killing Time" y llamé a Anita para invitarla a visitarnos en Saint-Jerome y pedirle que nos ayudara a prepararnos a recibir a los refugiados butaneses que venían de Nepal.

El gobierno nos dijo que tomaría tres años procesar los casos de estas personas. Decidí hablar directamente con miembros del gobierno y les dije: "¿Cómo es posible que tome tres años? No me parece justo permitir que estas personas sigan viviendo más tiempo en esos campos. Han vivido ahí durante 20 años, creo que es suficiente". Pero el gobierno continuaba diciéndome que ya se habían firmado los papeles correspondientes y que sólo quedaba esperar. Les pregunté: "¿Esperar a qué?".

Seguí presionándolos y finalmente recibimos al primer grupo de refugiados en 2008, sus casos se procesaron mucho antes de lo que esperábamos.

Cuando llegó el primer avión, había seis familias a bordo. Se notaba que se sentían muy cansados después de tan largo viaje. Cuando vi a Bishnu y sus dos hijas, sentí como si las hubiese conocido tiempo atrás; era como si Bishnu y yo hubiésemos sido hermanas en una vida pasada. Otra de las personas refugiadas se llamaba Rupa, una chica muy dulce y responsable; ella estaba a cargo de sus dos hermanos pequeños. Me aseguré de que a todos se les asignaran familias de acogida que tuviesen la experiencia necesaria para apoyarlos como era debido. Cuando le pregunte a Nandú, otro de los refugiados, qué era lo que quería hacer en Canadá, me respondió: "Deseo ser ciudadano".

Su único objetivo era tener un pasaporte y pertenecer a un país.

Con el tiempo, me di cuenta de que lo más difícil para los butaneses era adaptarse a tener libertad; no era normal para ellos tener libertad de pensamiento y libertad para casarse con quien ellos eligieran. Siempre hablaban usando "nosotros" en lugar de "yo", era como si el concepto de "yo" no existiera. Algunos de ellos todavía tienen una manera de pensar y de comportarse muy anticuada o tradicional, incluso después de haberse integrado a su nuevo país. Se dio un caso en particular, en el que los padres de una chica querían literalmente matarla porque ella deseaba casarse con alguien que sus padres no habían elegido para ella. A veces, es necesario que reiteremos a estas familias lo importante que es aceptar que aquí existen códigos de comportamiento diferentes.

Cuando pienso en lo que el Rey de Bután hizo a estas personas, no me queda más que compararlo con un genocidio masivo. Nunca se le castigó por este crimen. El rey tiene un lema que dice que la riqueza del país se basa en la felicidad. Se conoce a Bután como "el país más feliz sobre la tierra", pero es increíble que nadie se atreva a hablar de las atrocidades que se han cometido en contra de la minoría nepalí.

Los nepaleses son personas pacíficas y cuando uno habla con ellos, aun y con personas que han pasado años en los campos, estas personas no guardan sentimientos de venganza y muchos ni siquiera muestran enojo contra el rey, esto es gracias a que esta manera de sentir no es parte de su cultura, ellos llevan en la sangre otra manera de ser. Desafortunadamente, la comunidad internacional no se había dado cuenta de todo lo que le estaba sucediendo al pueblo nepalí.

En 2009, visité Polonia para la celebración del Día Internacional de la Paz. Había planeado asistir a una serie de conferencias durante una semana llevadas a cabo por la Comunidad de Sant' Egidio de Roma. En este evento, fui testigo de cómo la unión de varios grupos religiosos podía hacer que se lograra la paz y la armonía. Los miembros de estos grupos podían hablar libre y armoniosamente entre ellos y, al ver esto, pensé que sería una gran idea llevar este concepto a Saint-Jerome y desarrollar relaciones con las diversas comunidades religiosas. A partir de mi regreso comencé a trabajar en diferentes actividades para promocionar la paz así como el trabajo en donde se respetara la opinión de todos dentro de nuestra comunidad.

Durante varios años he trabajado en el cuidado del jardín que se encuentra en la parte trasera de mi casa, es un área muy grande. Como soy miembro de Amnistía Internacional, en 2013 asistí a la ceremonia anual que se lleva a cabo para plantar un árbol en el "Lugar de paz" en Saint Jerome. Nombraron al árbol "Nuestras hermanas de espíritu". Esto lo hicieron en honor a las 600 mujeres de las Primeras Naciones que han desaparecido a través de los años. Es increíble que todas estas personas hayan desaparecido y nadie ha hecho nada para tratar de descubrir qué les sucedió.

Después de la ceremonia, todos nos dirigimos a un almuerzo al que asistió el presidente de Amnistía Internacional así como Madeleine, una de las madres de familia del clan. Uno de los jefes principales de las Primeras Naciones me invitó a visitar con él su jardín. Había 100 lechos de flores creados para la comunidad. Era un jardín muy hermoso. Le dije que deseaba invitarle a visitar el jardín en nuestro parque. Todos nos acompañaron y se sorprendiendo mucho al ver que era un jardín de las Primeras Naciones. A partir de ese momento, Madeleine y yo nos volvimos muy buenas amigas y hemos decidido que somos hermanas. Ella ha sido una gran y positiva influencia en mi vida, me ha enseñado mucho acerca de la cultura de las Primeras Naciones y la manera que existe de identificarnos con ellos.

Me enteré de que existía una ley en Canadá que agrupaba a los nativos norteamericanos en "reservas" y que se les obligaba a permanecer dentro de los límites de las mismas. Algunas de estas áreas designadas eran lo suficientemente grandes como para que los habitantes pudiesen cazar, pero otras zonas no lo eran, lo cual causaba un impacto en el tipo de alimentación de los habitantes. Estas zonas han permanecido establecidas como territorios pertenecientes a las Primeras Naciones.

Muchas grandes corporaciones que necesitan madera o desean llevar a cabo actividades mineras, "roban" porciones del territorio perteneciente a los nativos norteamericanos. También se han dado casos en los que han secuestrado a mujeres pertenecientes a las Primeras Naciones, a quienes también llaman "squaws", para posteriormente violarlas y asesinarlas. Nadie se ha dado a la tarea de buscar a estas mujeres desaparecidas y llevar a cabo las investigaciones pertinentes para descubrir quién está detrás de estos atroces crímenes.

Existen bases militares en todo Canadá y mi primo trabajaba en una de ellas. Por casualidad, escuchó a algunos hombres hablar de ir por unas "squaws". Lo que normalmente se hacía era encontrar una mujer de las Primeras Naciones, secuestrarla y después violarla en grupo. Esto continúa sucediendo porque nadie pone un alto y porque a nadie se le ha arrestado por este tipo de crimen. Es asqueroso el simple hecho de saber que estos crímenes siguen ocurriendo en la sociedad moderna en la que vivimos.

Existe una profecía entre el pueblo nativo norteamericano llamada el Octavo Fuego, ésta se desarrolló a partir del contenido de la profecía de los Siete Fuegos, la cual data de épocas anteriores a la llegada de los europeos a Canadá. Esta profecía se escribió en wampum, un sistema utilizado por el pueblo indígena de Norteamérica; este sistema hace uso de pequeñas cuentas hechas de concha de mar y se utilizaba para efectuar registros de acuerdos y eventos históricos. Utilizando pequeños símbolos similares a jeroglíficos escritos en cada cuenta, se registró la Profecía Wampum.

En este registro se cuenta la historia de la Profecía de los Siete Fuegos. La Profecía Wampum está separada en siete periodos y a cada uno de ellos se le refiere como un "fuego". Uno de los "fuegos" declara que, en el futuro, el hombre blanco apartaría a los niños nativos norteamericanos de sus familias y los llevaría a otro sitio, como por ejemplo un orfanato, con el fin de evitar que estos niños lograran convertirse en lo que fueron destinados a ser. Se establecieron orfanatos para educar a los niños siguiendo prácticas católicas y evitando que tuvieran contacto con la cultura nativa norteamericana. La profecía también declaraba que el hombre blanco vendría en navíos trayendo conocimientos que ayudarían a los nativos norteamericanos a evolucionar, pero que sería peligroso si estos hombres blancos venían armados.

El Octavo Fuego declara que, si todas las personas se unen, rechazan el materialismo y eligen el camino de la espiritualidad, respeto y sabiduría, se podrán evitar catástrofes naturales y sociales, y todo esto llevará a la humanidad a un periodo de iluminación espiritual.

Lo que me pareció interesante acerca de la profecía de los Siete Fuegos, es que los nativos norteamericanos predijeron el futuro con exactitud. Las investigaciones históricas nos muestran que han estado presentes por lo menos durante 35,000 años y en todo este tiempo nunca han contaminado la tierra o dañado el medio ambiente. El hombre blanco llegó aquí hace 500 años y en este corto periodo de tiempo han contaminado tanto la tierra como el agua.

Me agrada la idea de volver a vivir bajo sus principios. Como miembro del Clan de la Tortuga, siempre he sido perseverante en todos mis proyectos, aun en aquellos que han tomado más de diez años en implementarse. Trabajo en diversos proyectos al mismo tiempo y tengo la energía para llevarlos a cabo de principio a fin, sin importar si me toma dos o veinte años concluirlos, esto es lo que significa ser una tortuga. Siempre he sentido una fascinación particular por las tortugas, incluso tengo una enorme colección de esculturas y estatuas de tortugas en casa.

En 2013, el gobierno de Quebec comenzó una investigación para formular las reglas básicas que se necesitaba establecer para integrar a las personas recién llegadas a la sociedad quebequense.

Decidí enviar una propuesta y la escribí sobre una copia de uno de los mapas de Samuel de Champlain, conocido como el padre de la Nueva Francia; él fue un gran explorador, cartógrafo y fundó la ciudad de Quebec y la Nueva Francia en 1608. Su sueño era crear una nueva sociedad en donde las personas de raza indígena y la gente de todas las demás nacionalidades pudiesen vivir juntos y considerarse como iguales unos a otros. En aquella época, se juzgó que su filosofía era un forma de pensar vanguardista. Champlain estaba convencido de que esto podía ser una realidad así que sus compañeros de tripulación decidieron casarse con mujeres nativas norteamericanas. El primer miembro de la familia Chaloux se casó con una mujer nativa norteamericana, así que pienso que mi conexión a la cultura nativa norteamericana viene desde la época de Champlain. Siento que heredé la manera de pensar de este pueblo.

Formulé una propuesta en donde mencionaba que si el gobierno deseaba oficialmente documentar los valores de la gente de Quebec, deberían incluir los valores de los nativos norteamericanos. Había contactado a una madre de familia de un clan nativo norteamericano y a una persona inmigrante de Haití que vivía en Quebec desde hacía 40 años, ambas personas declararon en mi propuesta que Quebec estaba conformado por gente de distintos orígenes y eso es lo que nos conforma como sociedad.

Mi reporte era corto porque sabía que normalmente leen un documento en su totalidad cuando son documentos no muy extensos. Hablé principalmente acerca de las relaciones dentro de nuestra comunidad. Lo presenté ante el parlamento en donde uno de sus miembros me dijo que no había incluido en mi reporte el tema del uso del velo por parte de las mujeres musulmanas. Le respondí que yo lo consideraba un simple velo, un accesorio simplemente. Le expliqué que, en muchos países, no se acepta el uso de un burka completo ya que cubre la cara de la mujer lo que es similar a llevar una máscara.

También le expliqué que si deseábamos lograr una integración sólida y una democracia para todos, necesitábamos poder ver la caras de las personas con la que tratamos. Así mismo, le dije que el año anterior, unos jóvenes que llevaban máscaras hicieron destrozos en la comunidad de una manera muy violenta. Nadie pudo identificar a estas personas ya que llevaban el rostro cubierto.

Le comenté que necesitábamos seguridad pública para lograr tener seguridad psicológica y que no se le debería permitir a nadie aterrorizar a sus semejantes en plena calle y salir impune del crimen sólo por llevar una máscara puesta. Esto mismo aplica a la terrible actividad llamada "acoso zombie".

Describí mi experiencia en Strasbourg, Francia; les conté acerca de la presentación que expuso el General de División del ejército canadiense, quien estuvo en Ruanda durante el genocidio de 1993. El gobierno canadiense no quiso involucrarse en la guerra de Ruanda lo cual molestó de sobremanera al general; él tomó fotos de todo lo que presenció para más tarde llevar a cabo una presentación utilizando todas las imágenes que captó. Fue una experiencia horrífica ver todas estas mutilaciones, mujeres a las que les habían cortado los senos y demás escenas de una brutalidad indescriptible. Al ver estas fotografías, todos nos sentimos impotentes ante la situación ya que nadie sabía qué hacer para luchar en contra de todos los responsables de esta salvaje matanza. Les comenté que después de esta exposición, estando en París, vi a cientos de personas vestidas como zombies asustando a las personas en las calles. Lograron su objetivo, había niños gritando aterrorizados al ver los rostros "mutilados" de estas personas. Sentí como si estuviera frente a una tribu de personas mutiladas y no podía comprender la razón por la que hacían esto. Me parecía que era como una burla hacía las personas masacradas en otros países, para mí, esto más que una diversión, era un ataque directo a la dignidad humana.

Actualmente tengo 58 años, tengo dos hijos y dos nietos a quienes adoro; me encanta pasar tiempo con todos ellos. También me gusta mucho mi trabajo, estoy realmente comprometida con mi labor en el centro Coffret. Normalmente envío a un par de empleados a recibir y dar la bienvenida a los refugiados cuando llegan a nuestro país, a veces, cuando me es posible, yo misma voy con ellos para recibirlos.

Line frente al Coffret

Cuando comenzamos a recibir inmigrantes a finales de los noventa, Saint-Jerome tenía una población de 55,000, ahora en 2014 somos más de 100,000. Aquí hay espacio para crecer y para desarrollar diversas áreas de la región. Todos nuestros inmigrantes han logrado encontrar trabajo sea en esta área o en áreas distintas; algunos inmigrantes parten a otras regiones y otros llegan de otras localidades. El proceso de integración no ha llamado la atención de los medios de comunicación porque lo llevamos a cabo de manera pacífica, evitando a toda costa que existan quejas o protestas; creemos que esta es la causa de nuestro éxito en el proceso de integración.

Canadá acepta aproximadamente 5,000 refugiados anualmente, de éstos Quebec acepta 1,800. En 2013 había 20 millones de refugiados en todo el mundo esperando que se les asignara un lugar a dónde ir, desafortunadamente en 2015 esta cifra subió a 60 millones. Durante el periodo navideño del 2013 hubo un aumento dramático en el número de refugiados, esto se dio a causa de las guerras en el Medio Oriente. Debido a este repentino aumento, la ACNUR necesita cerca de 6 mil millones de dólares este año para poder alimentar a todos los refugiados, desgraciadamente no cuenta con esta cantidad de dinero. Recientemente hemos visto la situación tan crítica a la que llegó la situación en Siria. Esta es la primera vez en Europa y el Medio Oriente en que adultos y niños mueren de hambre en los campos de refugiados.

Hace años, las personas no tenían acceso a armas, pero ahora, a causa del tráfico de armas y al gran número de vendedores de éstas, los grupos de rebeldes cuentan con todo tipo de municiones. La situación está fuera de control, incluso existen grupos que intercambian armas por oro o petróleo.

Es una situación terrible e inaceptable y necesitamos trabajar unidos para proteger a las víctimas afectadas. Lo más difícil es hallar una solución pacífica. Por ahora, no nos queda más que tratar de ayudar a las personas en estos países de la mejor manera posible y tratar de mantener, y si es posible, mejorar las condiciones de vida de las personas que ya están en nuestro país.

Además del centro Coffret, hoy en día estoy involucrada en 24 organizaciones:

1 – Junta de asociados en inmigración MRC RDN
2 – Comité de asesoría sobre salud
3 - Comité de asesoría sobre educación
4 – Comité de asesoría sobre empleo
5 – Comité de regionalización de inmigración en las Laurentidas
6 - SIPPE, Servicios perinatales y relacionados a la infancia
7 – Junta de diálogo con refugiados e inmigrantes (TCRI)
8 – Red de organizaciones de regionalización de inmigración en Quebec

9 – Comité mixto MIDI TCRI
10 – Junta Comunitaria MRC RDN
11 – Coalición de acciones sobre seguridad alimentaria MRC RDN
12 – Junta sobre las personas indigentes de las Laurentidas
13 – Comité sobre el alojamiento MRC RDN
14 – Consejo regional de desarrollo social de las Laurentidas
15 – Junta de asociados en inmigración de Emploi-Quebec
16 – Junta regional sobre salud mental
17 – Director del comité regional sobre personas indigentes
18 – Comité de acciones locales (CAL)
19 – Albergue "Fleur de Macadam"
20 - Cité Les 3 R
21 – Fundación comunitaria de las Laurentidas
22 – Coalición de acciones sobre seguridad alimentaria
23 – Corporación de desarrollo comunitario RDN
24 – El invernadero de Clara

Line en su oficina en el Coffret

Mi madre tiene 86 años y ella y yo somos los únicos miembros de la familia que trabajamos por la comunidad. Todos mis hermanos y mis dos hijos trabajan en compañías dedicadas a la electricidad.

Tenemos una reunión familiar al mes, es maravilloso ver a toda la familia reunida. Tengo una enorme mesa y todos nos sentamos alrededor para hablar de todo, conversamos de política, noticias o asuntos cotidianos; no siempre compartimos la misma opinión, pero siempre es agradable hablar entre todos acerca de nuestros diferentes puntos de vista.

Mi objetivo principal en la vida, el cual lo establecí después de visitar Vancouver en 1986, es vivir en un mundo de paz y de armonía. En esa época tuve un sueño en el que había muchas escaleras intercaladas que se dirigían en muchas direcciones. Yo estaba con mis hijos subiendo por una de estas escaleras y veía personas de todo el mundo a nuestro alrededor, algunos llevaban ropa típica de sus países. Todos nos saludaban, podía ver que me necesitaban y yo deseaba ayudarlos. Gracias a este sueño comprendí que las personas de todos los países necesitan ayuda y que es posible crear un espacio global en donde todos vivamos en paz.

Recuerdo otro sueño que tuve en el que estaba caminando en medio de un centro comercial lleno de gente, este sitio se llamaba Galerías de las Laurentidas. De pronto, cayó un rayo, después se escuchó un trueno y las luces se apagaron. Cuando la luz volvió, todos nos vimos, nos reconocimos pero habíamos cambiado. Todos sentimos que nuestras conciencias se encontraban completamente abiertas y receptivas, habíamos eliminado toda preconcepción que traíamos de nuestro pasado y a partir de ese momento permanecimos en total armonía.

He tenido una vida maravillosa y sé que continuaré mi camino y dejaré un legado al mundo. Deseo llegar a crear el Octavo Fuego en todas las comunidades para que los jóvenes en todo lugar puedan compartir su espacio con los demás, incluyendo con la gente sin hogar, para de esta forma crear un lugar de reunión en donde no existan los juicios y todos vivamos en total solidaridad. Este sería un sitio en donde profesionales de la educación y personas dedicadas a sanar podrían encontrarse con personas que los necesiten y así brindarles su ayuda. Juntos, trabajando con compasión, podemos llegar a la grandeza.

Capítulo XVI

Angelique Papadelias

De cara al futuro

Gracias a estas historias han ocurrido cosas maravillosas. He visto cómo las personas han abierto sus corazones para ayudarse a sí mismas y para ayudar a sus semejantes. He visto la esperanza en los ojos de los demás y he recibido la oportunidad de ser causa de un cambio en la vida de las personas.

Si disfrutaste el leer estas historias, por favor compártelas con las personas en tu entorno, los medio de comunicación locales o con bloggers, para así lograr que este libro llegue al mayor número de personas posible.

Un porcentaje decente por los beneficios del presente libro, se destinaré directamente, como un fondo de ayuda, a la realización del proyecto, que Line Chaloux y yo trabajamos, un proyecto que requiere investigación, personas dedicadas y a un equipo proactivo, para trabajar con el motivo de permitir a los niños de refugiados que tengan un futuro mejor. Este libro es acerca de compartir y devolverle al mundo un poco de lo mucho que nos ha dado; apoyar a un mundo que es una zona sagrada en donde tenemos el privilegio de vivir y espero que un día sea posible que este mundo sea también una zona sagrada para todas las familias de refugiados en el mundo.

Puede seguir el autor en:
www.angeliquepapadelias.com
www.littlescreenbigscreen.com